作者简介

张传宗

中国众创领军品牌肆拾玖坊创始人。2015 年，他有感于时和势，以众筹、众创模式联合各界精英，加上他共 49 人，共同创立了肆拾玖坊。短短几年时间，肆拾玖坊在全国各地以众筹、众创方式成立了 100 多家新零售分销商和上千家新零售经销商公司，年销售额破 10 亿元。其商业模式、发展速度、文化理念等成为业内关注的焦点。

王挺

初心会创始人，央视 CCTV《实战商学院》创业导师；前北大纵横合伙人、前魔漫相机联合创始人，获阿里数千万美金融资；2009 年度中国百佳讲师、畅销书《怪咖时代》作者。

联合出版人

破局者联盟

内容简介

中国经济从增量时代过渡到了存量时代，市场竞争进入白热化，中小型企业面临着极大的挑战。传统商业模式已无法适应时代的发展，取而代之的是众创等一系列新的商业模式。

本书通过肆拾玖坊生态布局、众创实践的真实案例，从企业商业模式的具体架构、运营、产品等模块着手，教你如何在创业资金有限的情况下，整合被忽略和闲置的资源、人脉及时间，塑造企业文化，打造优秀团队，最终在这场大洗礼中破局前行。新生代的创业者们，一定要抓住这难得的时机，乘风起航，实现自己的创业梦想。

破局

中小企业的变革与重生

张传宗
王　挺——著

当代世界出版社
THE CONTEMPORARY WORLD PRESS

图书在版编目（CIP）数据

破局：中小企业的变革与重生 / 张传宗，王挺著 .
—北京：当代世界出版社，2020.11
ISBN 978-7-5090-1342-7

Ⅰ．①破… Ⅱ．①张…②王… Ⅲ．①中小企业 – 企业管理 – 研究 – 中国Ⅳ．① F279.243

中国版本图书馆 CIP 数据核字 (2020) 第 199004 号

书　　名：破局：中小企业的变革与重生
出版发行：当代世界出版社
地　　址：北京市东城区地安门东大街 70–9 号
网　　址：http://www.worldpress.org.cn
编务电话：（010）83907528
发行电话：（010）83908410（传真）
13601274970
18611107149
13521909533
经　　销：新华书店
印　　刷：天津丰富彩艺印刷有限公司
开　　本：880 毫米 ×1230 毫米　1/32
印　　张：6.25
字　　数：115 千字
版　　次：2020 年 11 月第 1 版
印　　次：2020 年 11 月第 1 次
书　　号：ISBN 978-7-5090-1342-7
定　　价：68.00 元

推荐序 1
Foreword 1

掌握新模式，才能破局！

“以过去做现在，无法超越过去；以现在做现在，无法超越现在；以未来做现在，才能超越现在！”

现实当中，有 20% 以上的企业家在追热点、赶时髦，根本不进行深刻思考，这并不能引领他们走向成功。

过去 10 年，中国创投行业基本上每半年就有一个风口，从一开始的消费升级到 O2O，再到各种共享、众筹……很多创业者看到什么热就做什么。在 O2O 时代，都在做 O2O；在共享热潮中，共享自行车争相上市。今天再看看，生存下来的、仍在增长的企业还有几家？

一定要坚持正确的方向，永远不要做凑热闹、赶时髦的创业者。当一个商业模式、商业事件到了波峰，已经人所共知的时候，接下来就要往波谷走了。

今天，很多人进入了电商直播行业。当然这是一个伟大的商业模式，也一定有人会成功，比如李佳琦、薇娅，也正是他们的成功，引得一批人投身直播事业。但是，李佳琦之所以成为李佳琦，薇娅之所以成为薇娅，是因为他们在今年之前的很长时间里——不被人看好的时候，在孤独寂寞中兢兢业业地直播了很久。

所以，要想抓住所谓的“风口”，需要在波谷的时候进入，在没有人发现这个模式，没有人洞察到这个趋势的时候就开始做。

马云曾说：“未来要从 IT（互联网技术）到 DT（数据处理技术），从信息到数据。”十年前马云布局这件事的时候不被人理解，如今除了亚马逊云就是阿里云，它是全球第二朵云。而大数据、云计算已经成为人所共知的名词。

“不被耻笑的梦想，不足以去实现。”每一个伟大的企业在创造商业模式时，也必须有一段时间要耐得住寂寞，躬身入局，努力地耕耘。即便一开始不被理解，甚至遭到质疑，但只要你认定了方向、模式和产品，坚持去做，不断积累，到最后一定可以有所收获。

所以，每个人都要思考自己所在的行业未来三到五年是什么样子，如此，模式升级指日可待。

从烧钱到挣钱

在互联网和移动互联网狂热期，有很多热钱进入各种创投场合。但今天，绝大多数投资人不会再为烧钱模式买单，想要拉到投资，就必须考虑怎么挣钱、怎么盈利。

从流量到留量

在流量时代，通过不断宣传就可以从各种渠道获得流量。而今天，流量红利时代已经结束，只有以经营好现有的客户为前提，才有可能获取新的流量。哪怕你现在只有5个客户、10个客户，也要挖空心思对他们好，好到让他们惭愧，然后再进行口碑裂变。现在，也只有这个获取流量的方式更有效果、更有价值了。

从创业到产业

以后想要白手起家拼出一个好企业会很难。怎么办呢？最好一开始就加入一个产业共同体，到一个产业里去深耕。社会复杂，天黑路滑，一定要合伙打天下，不要老想着单打独斗。如果不快速形成集群效应，在这个社会将很难立足。

举个例子，一个小公司的技术团队可以为一个有需求的联盟组织赋能、服务，根本不需要这个联盟组织中的任何一家企业养技术团队。在渠道建设上，也不需要任何一家企业各自建设渠道，联盟组织中负责开发渠道的团队，可以为每一家企业建设差异化的渠道并铺向全国。这就是张传宗和王挺在书中讲到的众创商业模式。那么，如何开启你的破局之旅？你可以从《破局》这本书里找到答案。

创业很难，学会众创，加入联盟，建立新商业模式，才有可能破局。

春光里产业资本集团创始人 / 丰厚资本创始合伙人 /

中国天使联合会会长 杨守彬

2020 年 8 月 30 日

推荐序 2

Foreword 2

一个有参考价值的实体社群案例

我虽然是一个在社群运营方面有点研究的营销人，但经常被一个问题问倒。

“老壹老师你是做社群运营的，请问社群运营有哪些可以参考的案例？”

是啊，社群运营有哪些可以参考的案例？

只要是对移动互联网有所关注的人，讨论起这个问题，脑子里就会出现罗辑思维、混沌研习社、吴晓波频道、樊登读书会等。但事实上，这些社群的本质是培训机构，是卖知识的，不是卖实体产品的。

作为一名务实的营销人，我非常清楚，培训机构不能代表社群，他们的社群模式不具有普适性，对于实体产品来讲，没有太多的参考价值。

那么，社群运营有没有可以参考的案例呢？

答案是有的，我们已经通过社群创造了很多价值，创造了很多案例，只是大部分案例的主角是中小微企业和新个体。他们没钱砸广告获客，没钱打品牌做知名度。他们通过混社群拓客，用社群运营将陌生人变成粉丝，将粉丝变成客户，将客户变成合伙人。他们就是用这样低成本的营销方式在自己的领域坚韧地活着。

在这些用自己的智慧通过社群创造财富的中小微企业和新个体中，有太多的人，一个人活成了一个上市公司。因为小，因为微，所以难以成为典型，难以成为登上互联网头条的现象级案例，更成不了高校教材中的案例，我们只能偶尔从社群运营者的分享中听到一些消息。

这些社群运营的案例小，传播的人少，上不了头条，自然知道的人就少。人们看惯了那些现象级案例，似乎低于 100 万，低于 1000 万的都不值一提。自媒体人也不屑于去拆解和传播这些案例，因为这些案例没有那种动辄几百上千万的豪迈，吸引不了眼球。

当我跟本书的两位作者（肆拾玖坊创始人张传宗和初心会创始人王挺）联盟众创做了一些事情之后，我终于找到一个可以给实体参考的社群案例。

首先，他们做出了结果，这个结果足以登上网络头条，成为自媒体人愿意传播的素材，也是大众喜闻乐见的—— 5 年时间从 49 个合伙人到 100 多家众筹众创的新零售分销商、1000 多家新零售经销商专卖店、10 亿元营业额（很多人都不知道），关键是低成本投入、指数级增长；其次，他们做的是实体，具有普适性，不是那些教你做社群的培训班，也不是知识付费。

具体的方法，这本书从头到尾，从思维到方法都有详细的拆解，令人脑洞大开。如果你有好产品想要突破流通局限，推荐你看《破局》，你会找到渠道破局之道；如果你有存量用户，但黏性不够，推荐你看《破局》，你会找到留量破局之道；如果你什么都没有，推荐你看《破局》，你会找到联盟破局之道。

让我们一起成为破局者！

江湖一杯酒，天下皆朋友！

让我们不忘初心，结伴同行，一起赢！

精壹门创始人、畅销书《引爆微信群》《序列式运营》作者　老壹

2020 年 9 月 10 日

自序

从“司马光砸缸”看商业破局

大家应该都还记得小学课文里讲的“司马光砸缸”的故事吧！有一个小男孩一不小心掉进了大水缸里，面对这个紧急情况，大家的第一反应都是常规思维下的“救人离水”，而司马光临危不乱，鉴于自己的力量不足以把小男孩拉出来，果断地以非常规思维用石头把缸砸破，“让水离人”，最终救了小伙伴的性命。

时至今日，中国进入了存量经济时代，而2020年突如其来的疫情让市场更是雪上加霜。无数中小企业，尤其是娱乐、旅游、餐饮、教育、外贸等行业的很多中小企业处于倒闭的边缘，如同“司马光砸缸”故事中落在“缸”里的孩子一样危险。那么，你打算靠自己爬出来，还是找人拉自己出来，或是有“司马光砸缸”救你出来呢？

如今的商业大概用7个字便可以概括，即“一停两难三困局”。“一停”是指增长缓慢，接近停滞；“两难”是指开源难、节流难；“三困局”是指流量、转化、客单都已经陷入了困境。

面对当下的情形，如何才能破局？

破局，“破”即打破，“局”即局限。打破局限，一定能够看到更大的局。所有的局本质上都是认知的局，认知在局内的话，即使耗费大量金钱和精力，也不一定能破局成功，更大可能是治标不治本。一场有力的破局，不太可能从企业内部找到机会，因为外部环境变了，一切都变了天。企业内部往往意味着成本的消耗，而企业外部才意味着价值的创造和流动。

基于中小企业本身有限的资源，司马光用石头把缸砸破“让水离人”的非常规思维，或许才是当前中小企业转型升级的破局之道。

破局，必须要打破过去固有的程式，不能活在传统的套路里。打破边界，是一切新生的开始。

一场疫情让我们意识到：单一产品、单一渠道、单一场景，无法保障企业生存的安全性，倒逼我们对在线化、数字化、产业化重新认知。

此外，我们能否在顺势时借力社会闲置资源打闪电战，在不顺势时因项目组织的外包化不背负大量成本打持久战？这都要靠全新的破局思维和创业思考。过去5年，我们发现不断有这样的众创型企业出现，它们践行着“低成本投入、指数级增长”的众创方法论。

在破局的过程中，最难的就是提升认知。大多数创业者有着强烈的“小农经济思想”，如果不能打破这样的思想禁锢，将无法实现真正的破局。这也是初心会最近几年一直强调必须得打破老板头顶上的天花板的原因。

今天早已不是企业和企业之间竞争的时代，而是企业集群与企业集群和生态与生态之间的竞合时代。

因为用户的需求是多元化、立体化、复合化的，是跨产业的，只靠你自己企业的有限资源和能力不可能满足用户的多种需求。唯有站在产业的角度，你才能获得产业融合与共生的价值创造并满足用户。所以，每一个老板必须从企业的维度升维到行业的维度，从行业的维度升维到产业的维度去重新思考。

如今很多掉进缸里的企业，有的只顾着自己在缸里扑腾，有的则在缸里等着别人来拉，只有极少数能够明白，让和自己结盟的小伙伴在缸外砸缸救人，才是最有效的破局之选。

王阳明曾说过一句话："破山中贼易，破心中贼难。"

其中滋味，各自品味。

初心会创始人　王挺

2020 年 6 月 25 日夜于姑苏城外

目录
CONTENTS

第二篇
重构
众创模式与案例分析

第一篇

破局

站在产业高度
寻转机

要想破局，必先识局。

大多数创业者有着强烈的“小农经济思想”，

如果不能打破这样的思想禁锢，

将无法实现真正的破局。

第一章

存量经济下的中小企业之痛

◈ 三大痛点：现金流、利润率、复购率

中国过去近40年的时间，我们称之为增量经济时代，国家经济高速增长，各行各业的市场从无到有，从小到大。最早胆子大一点就能赚钱，之后会管理、懂营销就能赚钱，再之后要做品牌、设计商业模式才有机会赢得发展。现在越来越多的人感觉生意难做了，除了宏观经济和外部环境的影响，更重要的是如今做生意的人越来越专业了。

在移动互联网“下半场”，一切竞争也到了深水区，中国进入非常明显的存量经济时代。存量经济的世界就是此消彼长：你的生意好，我的生意就会少。以前是分蛋糕

的时代，现在是抢蛋糕的时代。

所有的商业理论都有它的时代性和适用范围，如果我们用增量经济时代的商业逻辑和打法，去指导企业在存量经济时代的发展，那就是刻舟求剑了。如果发现结果不对，还假装有机会，继续侥幸去试，那就更危险了。过去的 3 年，我身边的一些朋友，在一次次的心存侥幸中倾家荡产，真应了 2019 年流行的一句话："曾经靠运气赚来的钱，如今凭实力全赔光。"

中国进入存量经济时代使中小企业面临三大痛点。

首先是现金流不足

过去几年，我们看到消费互联网之战是非常惨烈的。互联网企业通过疯狂的烧钱补贴，把流量抢到自己的平台上，到最后，把能抢的流量全都抢光了。这样的竞争导致中小企业被截断了流量，获客成本越来越高，但这个流量来得快，去得也快，还往往不能转化。

没有稳定的流量来源，就没有稳定的收入来源，很多中小企业营收失衡，更严重的甚至断了现金流。存量经济时代，我们需要重新定义"流量"，应更关注"牛量"，而不是"流量"。

流动的流量一般都得靠入口引流，只要谈入口就必有成本。无论中小企业在天猫还是淘宝，京东还是唯品会上开店，都有高昂的成本，而且得不断投入运营费，什么时候能变现似乎没有定数。而在百度上做搜索或全网做推广，也需要高昂的成本和代价。这样获得的流量，入口成本高，转化率低，所以说，流动的流量是不靠谱的。

如今的流量本质上是有信用背书的用户的时间。我们更愿意接受的流量是存量，即留下来的“留量”。这些留量是一个个商家一点一点积累下来的珍贵的存量用户，有信用背书，有温度，也更有价值。

如果再往上拔高一点，还有一个概念叫“牛量”，即牛人的流量。做社群的人都了解，社群的老大往往能一呼百应，因为他有强大的影响力、感染力。这个牛量是更为珍贵的，背后承载的是价值观和精神的认同。

所以，我们要从流动的“流量”走向留下来的“留量”，再走向牛人的“牛量”。要解决今天中小企业现金流不足的问题，就必须解决流量源的问题，没有匹配的流量源，自然没有更好的收入。

那么，如何低成本、高效率地解决流量源的问题呢？下面我给大家介绍一下罗格创新扩散曲线（图 1-1）。

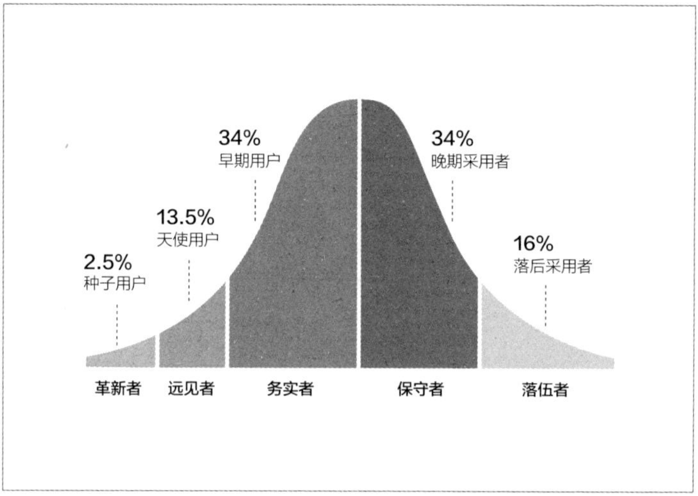

图 1-1　罗格创新扩散曲线

从图 1-1 中看，对于一个新的项目和产品来说，首先需要找到最支持你的“牛量”，即 2.5% 的种子用户，他们不但能快速完成对项目的验证，完善产品，还能带动更多的用户参与。因此，首要的是锁定牛量，其次是留量（13.5% 的天使用户），最后才是流量（大众市场）。前面可能会慢一些，但是一旦形成势能，后面就会有指数级的增长。

有个公式可以帮助大家理解背后的逻辑：“1 + N + n + x”。“1”就是牛量，绝对的超级用户，他影响后面的“N”（一般 3 ~ 7 个），每个“N”进而影响后面的

"n"，"1 + N + n"被称为"铁打的营盘"，而后面的"x"则被定义为"流水的兵"。

作为一个商家，锁定营盘自然就能影响流水的兵。我们的时间和精力是有限的，把有限的时间和精力用在刀刃上是非常重要的。这也符合如今移动互联网传播的特点，从忠诚度到美誉度再到知名度，而非传统的从知名度到美誉度再到忠诚度（图 1–2）。

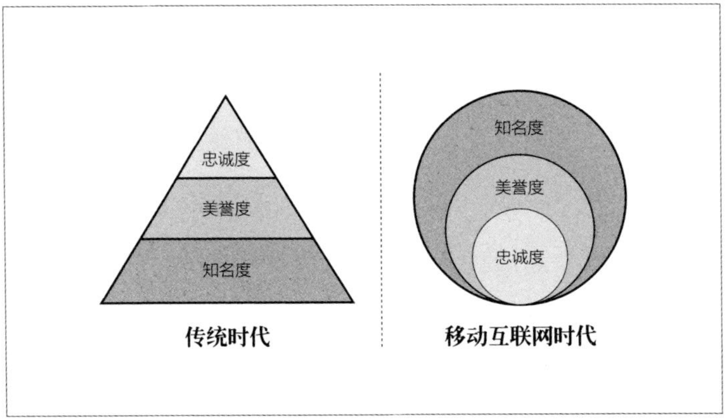

图 1–2　传统时代与移动互联网时代的传播特点

比如，初心会发起了一个家庭消费产业联盟，刚开始核心的牛量用户还不到 10 个，但是到第二周，我们就发现每一个牛量用户都带出了一个群，每个群都有 50 多人。这些群都是自发组建而非初心会强制要求的，而群内的沟通和分享，以及各群之间的互动和协作也都是大家自发进行的。这样的方式符合存量经济时代的特点，更容易实现超速增长。

总之，对于中小企业来说，在存量经济时代要搞定增量流量，必须在留存的留量上做设计，才有可能实现基于信任的存量带来的增量。如果直接越过存量留量搞流量，也许会有一些低客单的转化，但是不大可能有好的投入产出比，甚至可能无法留存用户。

对于流量源的问题，大致的解决方案就是这些。那么，如何锁定最早也是最重要的牛量呢？在研究众多案例之后，我们发现众筹是一个非常好的形式，更重要的是众筹之后的任务锁定——唯有出钱的同时还能出力，才能真正地实现指数级增长。具体的方式方法在后面肆拾玖坊的案例中我们会进行详解。如何低成本或零成本实现破局，也会在后面从接口代替入口的角度向大家揭秘。

其次是利润不够

因为整个商业环境都在变化，过去有利润的产品，今天渐渐变成了无利的现金流产品；而过去一些现金流产品，为了抢夺用户，如今甚至还需要额外补贴。

过去做生意，产品的毛利率都比较高，有些产品的毛利率高达5倍、10倍甚至几十倍，比如眼镜的毛利率最高的时候几乎达到50倍。只有这么高的毛利率，才能满足中间多个环节的利润分配。但现在，移动互联网超强的渗透能力推动了去中间化的进程，加上跨行跨界的竞争，产品的毛利率越来越低，如果还是靠以前的方式赚钱，就会特别被动。

要想解决这个问题，不能只看表象，其本质是要解决盈利点的问题。单一的盈利点既然不足以支撑商业的运营和成本的覆盖，你就必须基于用户的需求和场景，切出更多的产品和服务匹配给用户，实现多元盈利点的组合，以弥补单一盈利点的不足。

如果你把一个精致女性一天的生活，基于时间和空间的维度进行“切片”观察，就会发现她从早上起来洗漱到晚上睡觉，在很多“片段”还有大量的需求没有被满足。而如今整个商业在倒逼我们去挖掘用户的价值并满足他们多元化、复杂化的需求，不能再像过去一样过度营销，强推单一的产品或自己想卖的产品。如果你逮住一个用户，什么产品能赚更多的钱，就一股脑地推给用户，这是不对的。这种过度营销会让用户感到压抑进而远离你。相反，如果你顺应用户的需求，基于用户的真实生活场景进行分析，就更容易挖掘到生意的机会。

比如，你是做礼仪培训的，在一个形体沙龙活动中要穿插一个品鉴燕窝的环节，而通过设计，可以匹配服装、首饰、摄影等不同商家，使品鉴会达到系统呈现的效果（图 1–3）。让一位优雅的女士身着 A 品牌旗袍，佩戴 B 品牌珍珠首饰，品尝 C 品牌燕窝，学习 D 品牌形体课程，最后通过 E 品牌摄影留下个人形象。在这个过程中，你会发现一个用户在一个复合场景中实现了多元消费，即使现场没有做更多的转化，后续也能带来比较乐观的跨品类业绩。这就是多维度盈利代替单一维度盈利的方法。

图 1–3　品鉴会的系统呈现效果

在用户购买一个产品的场景中，一定有其他产品与其共存共生，它们共同构成了一个小生态。所以在思考商业的延展时，你应当预见主营业务利润不断下滑的趋势，同时挖掘更多的盈利点作为反哺。

最后是复购率不高

一个品牌、一个平台，如果没有复购就没有未来。如今是一个物质极大丰富的商业时代，各种产品充斥市场，消费者苦恼于选择性障碍，而商家也苦于业务经常被别家抢走。

如何保障复购率？这其实是一个黏性力的问题。用户留存的时间越长，最后实现的业绩转化往往越多。问题是如何增强用户与商家的黏性和互动？这里既需要更多的活动，也需要更多品类的产品，更需要有内容有场景的连接。

肆拾玖坊的案例能够让大家一窥其中究竟。很多人只知道肆拾玖坊卖酱香型白酒，而对于肆拾玖坊短短几年间创下 10 亿元的业绩且复购率极高的原因，则不甚了解。

肆拾玖坊用一款酒连接了一群企业家用户，同时只要用户需要，肆拾玖坊就尽量匹配产品和服务给他们。基于新中产、优生活的匹配，肆拾玖坊不但提供各种定制白酒、红酒、精良啤酒和茶、米、油等各类生态产品，还提供辟谷和太极等课程。比这些更重要的是，肆拾玖坊还有一系列关于酒文化的活动，比如每月数次的肆玖家宴、酱香之旅、封坛盛典等。

就这样，肆拾玖坊不仅把自己变成了一家具有店小二精神的商务服务型公司，同时把自己变成了一家供应链服务公司，还把自己倒逼成了提供酒文化以及仪轨的内容服务公司。这些服务和活动都可以说是肆拾玖坊的产品，有的能赚钱，有的不怎么赚钱，有的还赔点钱。但是，通过构建立体化的产品矩阵，基于用户的体验感和参与感，肆拾玖坊实现了和用户之间的黏性连接，并最终达到极高的复购率。

如今的市场并不缺少产品，缺少的是有体验感和参与感的连接，时代也在倒逼我们从挖掘产品的功能转向挖掘产品的内容和体验价值。

◆ 匹配痛点，走出困局

面对以上三大痛点，同时又面临着存量经济时代激烈的竞争环境，此时企业要解决痛点不能指望公司内部的策略，而应该从公司外部寻找机会。

首先要解决现金流不足背后的流量困局

前面我们分析过，最好的流量是存量留量或者有感召力的牛量，现在思考一下，我们能否找到和我们拥有相同、相似留量的商家或机构，并与其共同分享、经营彼此的留量。在彼此体验对方的产品和服务之后，如果能够约定好合作的机制和目标，那么这种共享是最好的选择。当然，这是以拥有相同、相似的留量但经营不同业务为导向和前提的。这样，留量通过分享可以得到 1+1 ＞ 2 的结果，犹如一个橘子，有人需要橘子皮泡茶，有人需要橘子肉品尝，还有人需要橘子作为绘画或者摄影的对象，这种分享是共同挖掘价值而不是互相抢占留量。

其次要解决利润率低背后的盈利困局

今天的商业不能什么都靠自己，要增加一个新产品，不一定要自己投资造货，也不一定要自己花钱备库存。如今市场上都是赋能型的项目，很多产品在线展示，一件代发，你只需要嫁接已经验证过的产品和服务为你的用户做匹配就可以。通过对用户场景的理解，增加合理的产品品类，在为用户提供解决方案的同时，你也增加了盈利点。

此外，你自己的项目同样也可以赋能给他人，让他人助力你的产品和服务匹配他们的存量用户，这样，你就可以获得他人的渠道多年积累的用户，被动增加留量，并延伸出更多的市场拓展机会。这里的前提是你的项目是赋能型项目。

在今天的商业认知中，每个项目除了实体产品之外，还应该有一些渐渐成为标配的体验型产品，比如培训、旅行、户外拓展、公益活动、发布会等。这些都是能够深度连接用户的产品和服务，虽然现在线上的活动越来越多，但是很多线下的体验和互动是无法被线上替代的。

过去人们常说“线上见一千次，不如线下见一次；线下见十次，不如喝一顿大酒；线下喝十顿大酒，不如一起徒步 5 天 4 夜 108 公里”是有道理的。你可以通过体验型的产品与服务增加营收，还能增强和用户的关系。

最后要解决复购率不高背后的黏性困局

你是否思考过这个问题：为什么很多用户喜欢一个品牌，且有极高的忠诚度，但最终仍会放弃这个品牌？什么方式能够保障用户和品牌或者平台深度连接并持久发生关系呢？

我们在观察并研究了大量案例之后发现，原来真正能够黏住用户的方式是让用户深度参与其中，让用户从消费者变成消费商，最终成为合伙人和股东。这是一个从利益共同体到事业共同体再到命运共同体的发展过程。过去5年，无论初心会、肆拾玖坊，还是我们共生联盟里的企徒体育，都验证了这一结论。

如今的超级消费者已不满足仅仅在产品端分享，他们更在乎精神层面的获得和参与其中时的角色。因此，在诸如户外拓展、公益培训等活动落地的过程中，就得构建社群并设置对应的角色——以招募合伙人或者股东的形式吸引更多的共建者参与到项目中。这种黏性带来的复购，本质上是个人角色的觉醒。很多企业本身是有前景和想象力的，但是一直没有解锁经营权和拥有权，没有设计接口让有心人加入，这就非常可惜了。

肆拾玖坊在这一点上做得特别好。过去的几年里，通过众筹众创的100多家新零售分销商和上千家新零售经销商公司，沉淀了超过20000多名合伙人在各个圈层里。这些合伙人也促使肆拾玖坊不断突破，不断获得新业绩。

事实上，2020年的疫情带来倒闭潮的同时也催生了副业潮，从斜杠青年到斜杠中年，高质量的生产力得到释放和共享。从顶层设计上给予参与者机会，并最终形成以超级用户自驱力为导向的结果，这才是企业的明智之选。

第二章

产业闲置的红利

◆ 三大闲置资源：闲货、闲人、闲场

中国目前的存量经济是怎样的状态呢？客观地说，就是闲置资源很多。

目前的中国，你能想到的产品基本上都有了，这是一个供大于求的时代。对于初创型公司来说，轻易不要做原创，因为你没有那么多的钱和时间，更重要的是，即使你能够创造出一些新东西，很有可能别人几年前就做出来了。

但是有闲置资源不是坏事，如果把中小企业的三大痛点比作一个硬币的背面，那么我们接下来要分享的三大闲置资源就是硬币的正面，它蕴藏着很多机会。那么，三大

闲置资源具体包括哪些呢?

第一大闲置资源是闲货

闲货多到什么程度呢?即便中国的品牌服装不再继续生产，闲置的衣服也可以让全国人民穿 3 年。

基于这样的认知，有一家叫爱库存的公司成立不久便迅速发展壮大起来。而拼多多则是被闲货堆出来的上市公司。针对下沉市场的井喷需求，拼多多提供了质优价廉的产品，并跑出了火箭般的增长速度。

最近几年出现的供应链服务公司，给市场提供了更高效的解决方案，既释放产能匹配了市场，自己也迅猛地发展起来。

第二大闲置资源是闲人

每个企业的用户都是闲人。虽然我们给这些用户提供了服务，但是只解决了他们某一方面的需求，他们更多的需求则被闲置了。

比如，一个企业家需要来初心会学习“低成本投入、指数级增长”的众创模式，但是他也需要买酒、游学，也需要社交和旅行。这些被闲置的用户需求，可以说每个商家都有。

当然，还有市场中原本就闲着的人群，比如我们比较关注的宝妈、广场舞大妈、刚刚离退休的老人等，他们往往有追求、有付费能力、有激情。

第三大闲置资源是闲场

目前绝大多数实体店客流量很少，有时候偌大的一个教育场地，一周也就使用几个小时。更多的闲置场地集中在各个城市的各类空间里。如今，基于一类用户固守在一个场所做一种服务的投入已经不合时宜，多场景复合化的投入才是趋势所在。

很多城市的五星级酒店都有闲置的会议室，闲置率最高的是总统套房。这些本质上都是资源，而且是不可逆的资源，但是因为没有被激活，我们只能眼睁睁地看着它们流失。

此外，中国还有很多闲钱。如今股市和房市都不被看好，但是很多有原始积累的家庭有足够的闲钱，该买的都买了，剩余的钱也不知道如何投资。更有意思的是，很多家庭虽然日子过得紧巴巴的，但是银行里却存着足够的备用金，少则数万元，多则数十万元，而银行的利息已经降到可怜的 2% ~ 3%。至于支付宝和零钱通，如今的回报率也回落到低值状态。

总之，存量经济中的闲置资源就是红利，过去你很难获得这些资源，如今你可以用很低的成本获得这些资源。

◈ 激活闲置资源，创造价值

有一句话说得好："世上没有绝对的垃圾，只有放错地方的资源。"

闲置资源的存在主要是因为没有匹配好需求，如何激活闲置资源，精准匹配资源，创造竞争资源，其实是需要智慧的，尤其需要对顶层设计的运筹学有一定的认知。在存量经济时代，我们谈众创，也正是基于这个时代背景，只有构建出可执行、有价值的体系，才能真正实现闲置资源的精准匹配。

沈括的《梦溪笔谈》中有一个"一举三得"的故事，这里供大家参考。

宋真宗年间（公元 11 世纪初），皇宫失火被焚。皇帝着急，命大臣丁谓负责整个皇宫的重建，并且给了时间期限。丁谓深知重建皇宫这浩大工程的挑战：要从城外取来大量泥土打地基，还要从外地运来大批建筑材料，最后还要把废料污土运出城外。这个工程工作量惊人，时间又非常紧迫，无论是工程质量出问题，还是延误了工期，那都是要掉脑袋的。

到底该怎么办呢？丁谓做了系统性的思考和统一筹划，基本思路就是在实施第一阶段的工程时，为第二阶段的工作做好准备；在进行第二阶段的工作时，为下一阶段的工作打下基础。这样，基于不同阶段工程之间的互相补充、互相依存，就可以达到快速完工且保证质量的目的。

他制定了以下的统筹方案：

第一步，“借道铺基”。一开始，丁谓命令民工在城里通往城外的大道上取土，用取来的土铺设皇宫的地基。土沿着大道运来，没几天就把皇宫的地基铺好了，这时大道成了又宽又深的一条沟。

第二步，“开河引水”。丁谓命人将取土挖出的这条沟和城外的汴水河挖通，使原来的大道成了一条和汴水河相通的河。于是，外地的大批建筑材料可以沿着这条河直接运到工地旁边，取用材料极为方便。在这样的条件下，工程建设日夜不停，进展很快。

第三步，“断水填沟”。在皇宫建成之后，丁谓命人把汴水河与大沟截断，并在大沟排水之后，把所有废料、垃圾全部填进大沟。很快，大沟又变成了一条新的大道。

这样的安排，不但明显提高了整个工程的效率，而且大大缩短了工期，最重要的是节省了大量成本。

在这个过程中，我们看到每一种看似闲置的资源最后都变成了就地转化的精准价值——重新定义闲置资源，通过有效匹配，最终创造出极大的商业价值，并超标准完成任务。

在激活闲置资源这件事上，我们同样从商业最基本的三个要素“人、货、场”逐一做分解。

首先是关于人，即我们的用户

从用户的时间、空间及马斯洛需求层次理论三个维度去匹配其对应的需求是非常有效的。当然，这里不但会涉及用户的生态需求，也会涉及用户的终生价值。

我们曾经服务过一家知名的早教机构，他们的一个代理商在一个城市用几年时间积累了几万个用户，但是这些用户在接受完早教服务之后便成了僵尸户。这些用户的闲置是非常可惜的，如果这家早教机构肯花时间与其中部分用户互动或做访谈，一定能够找到可激活的价值。在后来的实践中，这家早教机构确实发现了这些闲置用户的渴望和需求，其中有一个亲子游产品，带动了近百个家庭参与，整个销售都是通过预售完成的，而这仅仅是开始。

有的形象设计公司在为用户设计好形象之后，发现用户还有学习演讲的隐性需求。因为用户在获得更好的形象之后，马上面临的就是如何开口表达的问题，好的口才才能更好地匹配其更佳的形象。从这个角度就能够发现，当用户的第一需求被满足之后，他的第二需求立刻就升级为第一需求，如果这时他的新需求不能及时被满足，我们就可能会丢失这个用户，从价值层面来说，这样的用户就被闲置了。

其次是关于货，即我们的产品

今天，最多的闲置资源就是产品，大量的库存堆积在库房，如何把这些闲置的库存激活，让其产生价值，是存量经济时代最大的机会。初心会有一位学员是做黄酒的，有一段时间他手上有大量库存，那么他是如何把这些库存变成有价值的资源的呢？在年底那段时间，他连接了当地众多饭店，以合适的价格去置换其储值卡，然后迅速将这些储值卡和自己的黄酒打成礼包，卖给需要吃年夜饭的公司，最后在很短的时间内清了库存，获得了大量现金。

最后就是关于场，即我们的场地、渠道、场景等

场不但代表场地或渠道，还代表场景——各个店面或者机构的场景。

几年前我去营口的鲅鱼圈区看一个朋友，他拥有一家当地最专业的英语培训机构，楼上楼下有好几层，但其实很多时候很多场地是闲置的，因为不可能所有场地都在同一时间上课。

在这种情况下，他做了一次有意义的尝试。他发现当孩子在学习英语的时候，送孩子来的妈妈们只能无聊地刷手机等待课程结束。基于这样的情况，他嫁接了当地一家烘焙培训机构，在孩子们学习英语的时候，由这家机构为

这些妈妈提供免费的培训，最后这些妈妈通过体验感受到了烘焙的魅力，不但报了烘焙的课程，还买了烘焙需要使用的设备，并会持续购买烘焙的食材与配料。

在激活闲置资源人、货、场这三件事上，肆拾玖坊的做法可圈可点。在激活闲置的人上，肆拾玖坊在成立初期就通过匹配联想积累的渠道商——已经熟识并建立起信任的关系，使产品顺利到达消费者手中，第一年就实现了8000多万元的营业收入。而在激活闲置的货上，肆拾玖坊不但嫁接了茅台镇一家被验证过的酒厂，同时又通过推荐，匹配了更多原产地的好产品，其中有大师制作的好茶，有在沙漠里生长带有公益性质的小米，还有一家具备一定规模的冷榨花生油企业的好油，等等。在激活闲置的场上，肆拾玖坊一样有所建树，对于一些已经有基本业务的店面或会所，通过赋能使其提供多种类型的服务，这不仅帮助这些店面激活了闲置场地，还为其找到了新的盈利点。

在激活闲置资源、精准匹配资源的过程中，其实最重要的是了解和把握用户的需求。而能够落地的案例都有一个特点，就是首先思考对方需要的是什么，如何才能帮助别人解决问题，从这样的角度思考才有可能找到机会。站在企业里解决企业难题是比较难的，而跳出企业思考解题思路往往事半功倍。

这里分享一个小故事，可以帮助我们更好地理解其中的道理。

据说大英图书馆年久失修，便在别的地方建了一个新馆。

新馆建成后，需要把老馆的书搬到新馆去。这本来是搬家公司的活儿，没什么好策划的，把书装上车，拉到新馆，摆放到书架上即可。问题是按预算需要350万英镑，图书馆却没有这么多钱！

眼看着雨季就要到了，不马上搬馆，损失就大了，怎么办？馆长想了很久仍一筹莫展。正当馆长苦恼的时候，一个馆员问馆长苦恼什么，馆长就把情况向这个馆员介绍了一下。几天之后，这个馆员告诉馆长他有一个解决办法，不过仍然需要几十万英镑。馆长十分高兴，因为图书馆负担得起这个数目。

“快说出来！”馆长很着急。

馆员说：“好主意也是商品，我有一个条件。”

“什么条件？”馆长更着急了。

“如果这几十万英镑全花完了，那权当我给图书馆做贡献了；如果有剩余，希望图书馆把剩余的钱奖励给我。”

“那有什么问题，我同意！”馆长坚定地说。

“那我们签订合同！”馆员意识到发财的机会来了。

合同签订后，馆长用馆员的方案搬馆，几十万英镑都没花完。

原来，这个馆员让大英图书馆在报纸上刊登了一条惊人的消息：“从即日起，大英图书馆免费、无限量向市民借阅图书，条件是从老馆借出，归还到新馆。”

从这个案例中，大家能够看到对需求的把握和解构的重要性，通过重构利益相关者，引进用户参与，把需要解决的问题，变成精准匹配的需求，最后通过众创，大家各取所需，实现低成本投入高回报。

第三章

破局重生的机遇

◈ “三到”机遇

当前的商业环境机遇和挑战并存，但基本趋势却是非常明显的，不再是过去的以产品为中心，而是全新的以用户为中心，这就不得不提及“三到”机遇。

“第一到”机遇：从专注产品到专注用户

产品既是帮助用户解决问题、完成任务的道具，也是连接用户的一种手段。

我们首先通过一个产品连接了一群用户，然后针对这群用户做更多的思考和探索，最后从满足用户的角度，来反向为其匹配产品和服务。像这种基于自己的思考构建出来的产品很可能是好产品，但不一定是用户想要、想买的。

随着整个商业链条出现翻天覆地的变化，过去中心化的模式已经失效，唯有基于用户驱动的新模式才是安全且有效的。

拼多多是通过海量的用户数据，用算法来实现最终的互动结果，以满足用户的购买需求，进而带来复购和黏性的，而这对于很多中小型企业来说是很难实现的。这个时候我们需要找到更低成本、更恰当的方式，这就是存量经济之下社群的价值。因为流量的本质是有信用背书的时间，因此如果没有足够的数据分析和算法支持的话，那就需要依赖人，通过投入人员和时间，在社群运营中实现互动和业务的转化。

对此，我们面对的第一个考验是如何找到一群人并连接他们；其次就是我们如何比他们更懂他们的需求；第三就是我们如何像买手一样更好地把与他们相匹配的产品推荐给他们。

整个商业的购买路径，从清单式购买到搜索式购买，再到探索式购买，直到当下的推荐式购买，到最后比拼的依然是成本与效率。对于当下如此之多的碎片化信息的干扰，专注用户、了解和分析用户，是能够满足用户并创造价值的前提和保障。

“第二到”机遇：从贩卖产品到贩卖生活方式

在设计一个能够满足用户生活方式的解决方案时，很多产品可以做到有效匹配，但重要的是，我们要知道能够实现有效匹配的前提是什么。

其实相比于卖方来说，买方遇到的挑战和痛苦并不少，原因是当他们面对足够多的选择时，也需要投入更多的选择性成本，这种成本会让整个购买体验大大下降。因此，当买方在与一个平台或一个品牌的互动中，发现其提供产品的优越性以及信任背书的安全性，他们就会重复自己的购买路径。正是基于此，才出现了我们构建的平台价值和品牌价值。

要理解用户到底有怎样的需求，就得了解用户的习惯；要专注于用户的整体需求，就得理解并构建他们的生活方式。生活方式是由无数个场景构成的，实际研究的时候，抓住一个核心场景去理解，才能更有效地抓取核心要素。生活方式带来的是一种生活品质，而背后则代表着一种思维模式，如果抓住了思维模式，大抵就能理解可能发生的生活方式了。

有人喜欢阅读，有人喜欢户外运动，有人喜欢旅行，这背后都隐藏着属于他（她）自己的生活方式。比如母婴童行业零售领军品牌孩子王看上去是一个综合体，但其实一切活动都是围绕着孩子的快乐进行的。而服务于新中产人群的亚朵酒店就非常直白地告诉你，这是你的第四生活空间，希望给你一个回归自然的生活体验。这些商业活动背后都存在着一种生活态度和价值主张，在区分你和别人。

有一个很有意思的案例，说的是一个真正靠卖生活方式发展起来的地产项目。这个项目临近北京，名字叫作阿那亚。阿那亚的价值主张是：现代社会中，人是孤独的，阿那亚应该是友善、快乐而互助的。社会的进步需要每个人来推动，阿那亚就是这样一个地方，它致力于成为一个美好的乌托邦。

阿那亚迎合了人们对久违的人情味儿的需求，让人们感受到“参与即收获，付出即回报”所带来的情感回馈，倡导在“平等、尊重、参与、互助”的氛围中，形成新型人际关系。

60 后、70 后常常怀念小时候的邻里之情，大家生活在一个熟人社会中，人与人之间的关系单纯而美好，长幼有序，守望相助。孩子们一起玩耍，一起长大，不会觉得孤单，但城市化的发展割裂了传统的邻里关系，如今邻里之间既不相识，也极少往来。

阿那亚做了很多积极的创新。

1. 让孩子们找到乐趣。阿那亚租了几百亩地，建起一座生态农庄，在农庄里种菜、养猪、养鸡，还给猪修了跑道、跳台、游泳池，让猪多运动，这样肉会更好吃。业主如果有兴趣，也可以租一块地自己打理，春种秋收，当个海边的农民。

阿那亚不想让孩子们成为 iPad 儿童，而是想让孩子们在田野里玩耍，拥有自然而淳朴的童年。孩子们在农庄里可以参加劳动，接近自然。比如在鱼塘，孩子们可以亲手捕鱼；在豆腐坊，孩子们可以了解豆腐的生产过程。农庄里有农家院，仿照当地民居的特点垒砌了大灶台，孩子们劳动之后可以自己做饭。

2. 让成年人有学习和交流的场所。阿那亚注重营造人与人之间和谐的交流环境，图书馆、教堂、酒吧，分别代表了理性、神性和感性。在阿那亚，夫妻之间、朋友之间的深谈都是顺其自然完成的，阿那亚提供了一个独特的精神空间，使人们可以摆脱外界的纷扰，坦诚相待。

3. 给喜欢运动的人，开发了多种运动项目。阿那亚引进了一批世界著名马种，吸引着越来越多的马术爱好者前往体验。阿那亚认为人与马之间是可以进行感情交流的。人总是会有孤独感，但马可以给人带来慰藉。

阿那亚最多的运动项目是海上运动项目，摩托艇、帆板、风筝冲浪……有许多活动是业主们自发组织的。为了让大家在海里更好地玩，阿那亚还建立了专门的教练团队教大家怎么玩儿。

阿那亚超出了所有人的预料，它所形成的社区和社群文化并不是开发商赋予的，而是一群对的人在对的时间、对的地点演化出来的，或者说，阿那亚就像一个生命体，一诞生就有了自己的成长诉求。它不是人为设计和规划的结果，而是开发商带着开放的心态，和用户一起全情投入的结果。

阿那亚的案例有一点值得我们在商业经营过程中反复思考：如果人生的意义在于追寻自己所认同的价值并努力实现它，那么阿那亚社群的意义就是助力某一类人追寻其认同的价值并实现它。

购买生活方式是未来的主流，也是生生不息产生张力的来源。

“第三到”机遇：从经营产品到经营圈层

在疫情带来的变局之下，企业以前的增长方式已经乏力，所以很多企业开始做私域流量，开始直播带货，开始出摊……

虽然增长是企业对抗大部分问题的最有力武器，但我们的关注点不应该仅仅停留在增长的形式上，而应该深入思考三方面的问题：

1. 用户的购买习惯发生改变了吗？是偶发性的还是持续性的？

2. 我们的成本结构发生改变了吗？有多大程度的降低呢？

3. 我们的盈利模式发生改变了吗？盈利方式和来源增加了多少？

用一个中心（用户），两个基本点（成本结构和盈利模式）去简单分析一下，看看当下的增长方式是否可持续。

这是一个物以类聚人以群分的时代，圈层化品牌越来越多，而非所谓的公众品牌。

客观地说，每一个中小企业只要愿意，都可能成为一个新细分领域的第一名。因为每一个拥有用户的企业都可以深度经营这群用户，并通过运营构建一个圈层，顺应圈层化的价值设计与匹配，往往是最具生命力的。在这个过程中，通过圈层化颠覆传统成本结构的同时也重构了多元化的盈利模型，这对中小企业的转型升级来说绝对是一条比较合适的路。

圈层经济就是圈子营销，在粉丝、熟人等圈子里进行营销，在各类圈子中进行分层抽离，进而形成一个个内核稳定、连接紧密的社群。各种圈层的人群基于释放自我、追求品质生活、培养兴趣爱好的需求，来圈子结交有共同爱好的朋友。在此过程中，自然地产生了产品和服务与其匹配的商业结果。

如今谈变革有各种角度和模式，但是真正的变革还是在于能否让用户重生。

如果你把顾客当流量，那你付出的一定是资源，要么用钱激励客户，要么用钱娱乐客户；如果你把顾客当用户，你经营的就是用户的感受，企业的价值将围绕用户体验展开；如果你把顾客当会员，企业经营的要点就是顾客的归属感，一切活动围绕价值互惠、宾至如归展开；如果你把顾客当成共同体，那么你要思考的就是如何与顾客众创共生，彼此成就。

2020 年，随着疫情在全球各地爆发，未来变得更加复杂和不确定。但这场疫情必将不断刷新我们对商业的认知，也会催生很多新的商业形态。我们一直强调的企业众创的“三化”：联盟化、社群化、赋能化，现在很多企业在疫情的倒逼之下纷纷行动起来了。

所有的努力都是为了经营好用户关系，让用户变成你的会员，再从会员变成你的消费者，进而变成你的合伙人，最后成为你的投资人，逐步地从交易关系走向利益共同体、事业共同体和命运共同体。

所以，要想守住你的一亩三分地，牢牢地黏住用户，靠的不仅是产品，还要看用户在你那里能不能找到他的生活方式，能不能找到一群气味相投的人和一份能够长期经营的事业。

肆拾玖坊基于新中产、优生活的追求，协同 100 多家众筹众创的新零售分销商和上千家新零售经销商公司，以及 20000 多名合伙人一起通过众创打造出了属于所有参与者的事业平台、命运共同体，这是尤为难得的。

◆ “三化”建设创增长

2020 年，我们关注到以下几条信息：

2020 年 3 月 16 日，在国新办举行的 2020 年 1 ～ 2 月

份国民经济运行情况发布会上，国家统计局的数据显示，2 月份，全国城镇调查失业率为 6.2%。按照这个比率，失业人数约 4500 万，还有隐性失业人口没有计算进去，所以有人推测这个数字可能过亿。

2020 年 3 月 26 日，经济学家许小年在一次主题为《疫情对全球经济和金融的影响》的分享中指出："新基建是不着边的事情。虽然中国防疫取得了伟大成功，但复工率其实没啥意思，订单在哪里呢？产能开动了没有订单是没有用的。"

2020 年 3 月 25 日，人社部发文称，要方便没有固定经营场所的摊贩就业谋生，对于没有固定经营场所的摊贩，要合理设立管理模式，要预留自由市场和摊点群等经营网点。

有人说，这是摆地摊创业的春天来了！有兴趣的可以去翻一翻吴晓波的《激荡三十年》，看看上一个摆地摊创业的春天是什么情形。

蛋糕小了，挤进来抢的人却多了。未来要打的一场仗是存量战争，这绝不是危言耸听。从心态上，我们要做好"过苦日子"的心理准备，即使投入跟以前一样多，也很可能一无所获；从行动上，对中小企业而言，一定要做众创，具体就是“三化”：联盟化、社群化、赋能化。做好“前两化”，可以有块根据地安身立命，如果“第三化”也能做好，就极可能会逆势增长。

友商联盟化

首先，聚焦所有友商的某一类客户，将存量流量共享。尤其是各友商的老客户，有较强的信任背书，激活他们可以挖掘出更大的价值；其次，单独一个商家势单力薄很难服务好这些用户，而且服务成本高，所以需要把大家擅长的东西与服务用户的场景匹配起来，彼此协同；最后，产品共享，形成一个个场景的解决方案，“多快好省”地给到用户实际价值。

用户社群化

很多企业不会经营用户关系，不懂系统地运营用户，把用户仅仅当作流量，费了很大的力气引流过来，很快又流失了。而联盟之间，也不可能真正共同服务用户，很容易形成彼此又割一遍韭菜的状况。可以说，未来没有社群的用户，都是“孤魂野鬼”。用户也希望能有个让自己安心的温暖的“家”，把自己生活方式里的某些部分托付给你，而不是时刻提防被割韭菜。

创客赋能化

在疫情之前，已经有了大规模轻创业、副业赚钱的现象，照目前的情形，更多人将被生活推向“摆摊创业”。不过，现在的“摆摊创业”除了线下的场所，更多的可能在线上。能不能把你的项目变成轻创业的项目，能不能教别人做联盟，能不能带别人运营用户，能不能有数字化的后台做支撑，这都决定了你的项目是否能做到赋能化。赋能化做得越好，就越能在这个时代团结更多的人，团结更多的力量，真正做到成就彼此，众创共生。

第四章

开源节流的重构

◈ 众创实践：左手供应链，右手用户池

我们讲存量经济时代企业“一停两难三困局”，其中的“两难”就是指开源难和节流难。过去的开源总是意味着上新项目增加投资，如今增加盈利点只需要匹配别人的产品，甚至落地都可以通过别人验证过的方法赋能；过去的节流则意味着节约成本、压缩各项开支，但是很多刚性的成本根本无法减少。

那么，如何重构成本结构和盈利模式？李小龙的截拳道给了我们非常重要的启发。李小龙说，“以无法为有法，以无限为有限”，提出“简单、直接、非传统”的理念，给了我们一个进攻的时候防守，防守的时候进攻的

"寸拳"打法。

在存量经济时代，闲人、闲货、闲场很多，如果能够把彼此的闲置资源共享并匹配，不就可以左手融入供应链，右手融进用户池了吗?

以前创业都是自己投人、投钱、投资源，什么都是自己做，往往竭尽全力、费尽苦心，得到的却只是极少的利润，甚至面临亏损倒闭。而如今如果一开始就懂得融钱、融人、融资源，那就是完全不同的经营方式。

我们谈开源节流，事实上近几年国家一直在推动的"一带一路"，就是存量经济时代一种开源节流的方式。我们主动走向海外，与更多国家的资源进行共享。所以，在整个运作过程中，"一带一路"讲究三个词：第一个词叫"共商"，第二个词叫"共建"，第三个词叫"共享"。

那么共商什么呢? 所有商业要产生互动，首先要找到节点，然后才能够通过节点助力，找到闲置的人、闲置的货、闲置的场。人、货、场构成整个商业的三个基本要素，闲置的人代表闲置的用户，闲置的货代表闲置的产品，闲置的场代表闲置的渠道、场景、场地。找到节点后就得跟他们共商大计，保证同频，确定彼此合作的空间与回报。

有了同频，才能谈可行动的方向，谈如何共建。因为是共建，所以大家要一起投入进来，扬长避短；要彼此了解实际的用户群对应的场景和需求，然后才有可能产生精准的匹配。当我们说共商连接，激活闲置资源的时候，就要想到如何共建连接，精准匹配。

在存量经济时代，左边有大量的闲置资源，那么多的小工厂都闲着，他们的生产不饱和，生产出来的产品往往也卖不出去。而右边留存在各类平台和社群之中的大量用户，其实也没有得到最精准的匹配。用户很多时候买不到最适合自己的产品，从 B2C 到 C2B 还有很长的路要走。

产品从工厂到用户手中，中间有很长的供应链，导致内耗严重，传统的商业大多在空转中产生损耗和浪费。过去通常是厂方先研发，再推广，再招商，然后搞定省级代理、市级代理、县级代理，接着到商超，最后来到用户的手中。当用户感觉有问题反馈到厂方的时候，有可能已经大半年过去了。这样不但效率很低，而且市场很被动，容易失控爆雷。

C 端的需求是多元化的，C 端的场景是很复杂的，但是对于 C 端的用户，我们可能没办法抓得很细，但是我们可以抓到积聚的小 B 端的终端用户——渠道，能推导出他们大致的需求是什么。以他们的需求为导向，反过来倒推供应链，做更好的匹配，这样就能让市场实现更有效率的匹配。

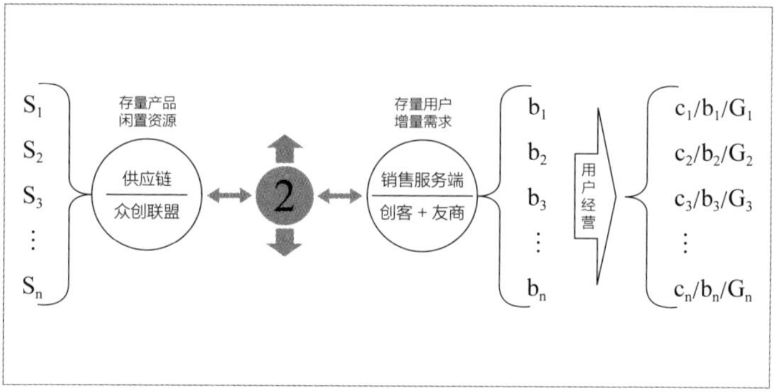

图 4-1　众创模式供应链

基于图 4-1 这种众创实践，我们称之为“S2B2C”。消费互联网打了几年的仗，打完之后你会发现现存的小 B 端不可逾越，因为他们有天然的温度和信用背书价值。后来大家都想通了，既然无法替代，那不如一起合作，共享资源、众创共生。

如果说曾经的消费互联网体现的是《三体》里面的一句话：“我毁灭你，但与你无关。”那么几年后的今天，在产业互联网的世界里则体现了另一句话：“我成就你，你圆我夙愿。”

今天，你一定不能想着把别人干倒，因为即使你把所有的对手全部打趴下，你也不一定赢，能赢的前提是你能搞定用户。过去我们总谈创业英雄，今天我们应该问问自己有没有能力联动别人服务用户，满足用户的需求才是根本。

至于如何开源、如何节流，我们可以从两个角度结合存量经济下具体的情形来做具体的分析。

◆ 开源

1. 基于存量留量匹配别人的产品和项目，招友商。

2. 把自己的产品或项目匹配给别人以增加盈利点，招创客。

相比获得业务来说，现金流更为重要。招商是效率最高、综合价值最高的一种选择。但是招商的本质不是招代理商，而是招商业合作伙伴。

无论是会员、创客，还是友商，都是我们招募的对象。所谓团结一切可以团结的力量，就是通过融入闲置的社会资源实现价值最大化。

如果你是一个门店，你就要努力让自己成为商圈路由器；如果你是一个行业机构，你就要努力让自己成为行业路由器；如果你是一个产业层面的服务商，你就要努力让自己成为一个产业路由器。总之，你的连接会成就更大的商业价值。

◆ 节流

目前市场的高精人才因为经济的萧条流动率很高，甚至有一些还在待业，失业率不知要过多久才能降低。这只是人才的成本，至于其他的房租、推广成本都会紧缩。最好的方法，是尽可能通过众创的方式让这些你需要但是当前没钱投入的资源参与进来，参与形式包括易货和股权置换。

北京有一家企业，因为疫情失血多月，最后通过数字化股权的方式激活了大量的人才和资源。公司通过一个人影响了数百个斜杠青年，这些拥有数字化股权的股东，奉献的是自己剩余的能力和才华，得到的是尊重和未来的期许。

◆ 联盟打法：合纵连横

要说开源和节流并行的最好方式，莫过于联盟化。虽然联盟的概念已经提出很多年，但只有在存量经济下才能如此流行和有力。受经济所迫，大家都能够打开自己和别人合纵连横。

联盟能够同时搞定开源和节流这两件事，有个很重要的原因是整个市场的获客逻辑改变了。以往的商业逻辑，我们是通过产品连接用户，然后再基于用户构建社群，最后通过跨社群合作结成联盟。但是产业互联网时代，用户在过去几年已经被抢到不同的组织里，从别人的组织里抢用户是非常艰难的事情。

那么，如何才能更高效地拓客呢？当下效率最高的就是联盟。首先，通过联盟，大家基于相同、相似的用户和共同的目标，彼此进行信用背书，共享存量用户；然后，所有用户沉淀成社群；最后，联盟通过匹配不同的产品和服务，构成解决方案，进而构建用户的生活方式。

如果直接通过C端做转化，投入和产出会不成正比，很容易把市场拓展推到一个困境。当下，我们一定要知道，留存下来的小B端是不可逾越的，他们的价值不可替代，他们拥有我们所需要的用户，同时也期待我们以联盟的方式连接更多的伙伴，通过彼此赋能打造超越个体的竞争优势。

商业变化的速度越来越快，这个时候更需要我们能够实事求是，而不是刻舟求剑。不要墨守成规地讲入口、谈拉新，更应该讲接口、谈运营，通过众创这个接口，用联盟的组织形式让大家协同起来。这也是众创模式的三级火箭按照联盟化、社群化和赋能化的路径来推进的原因（图 4–2）。

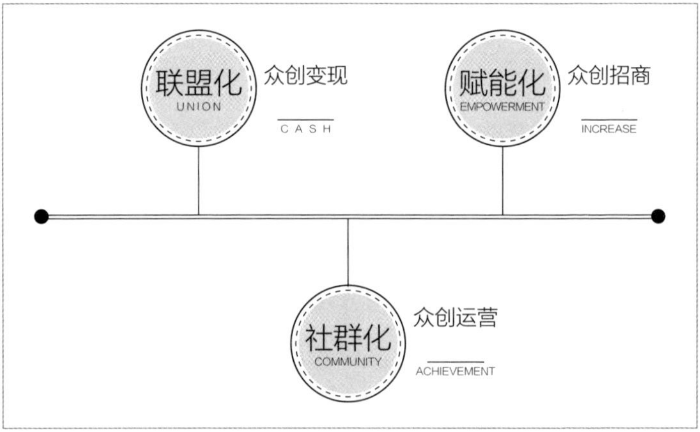

图 4–2　众创模式的三级火箭

第五章

极简的增长路径

三张扑克牌："J""Q""K"

从2014年到2019年这5年，企业的增长路径我可以用三张扑克牌来概括。

第一张牌是"J"，代表购买流量，拉新客户。在早期粉丝经济红利期，有用户就能融资是常态，因此企业抢用户、拉新的手段层出不穷。

第二张牌是"Q"，代表圈牢粉丝，留住客户。企业通过各种营销，小到抽奖大到明星发布会，费尽心思，努力把粉丝圈在平台或微信公众号中。

第三张牌是"K"，代表收入，流量变现。通过各类合作项目实现多元化的转化，是这个阶段企业的主要任务。比如旅游公司用门票入口搞定用户，再通过卖保险、境外游等各类产品进行业务转化。

当然，也有企业通过一个又一个过度“聪明”的手段谋取利润，比如通过不可勾选的方式，获得未被消费者注意的诸如保险费等额外的收益。所谓割韭菜、薅羊毛等都是这个时间段的产物。

2020 年，产业互联网时代来临，这时产业联盟才真正开始，我们用的还是“J”“Q”“K”三张牌，但是打法却和过去截然不同。

第一张牌“J”，我们不谈入口谈接口。过去几年，一谈到流量就意味着花钱，花钱吸引流量成本很高，但转化却很差。今天我们在产业互联网时代谈接口，就是要学会以共享用户的方式低成本获取存量用户。

如果说以前的流量都是要花钱购买的话，那今天的流量更需要的是“勾引”。你面对的挑战就是，如果别人和你组成联盟，把存量用户开放给你，你到底有没有能力去“勾引”别人的用户，使其转化为你的用户。

为此，你要设计一套运营模型，要能够让别人的用户一碰到你就接受、一听就懂、一聊就高兴、一说就要买。这种动销能力和转化能力，是需要你来赋能的。如果做不到，后面可能就会不了了之。

简单地说，你要通过联盟来到别人的世界，然后激活别人世界里的用户。如果你不能帮助联盟伙伴激活场景背后的用户，说明你不具备赋能的能力。这样一来，你只能把货压给别人，而这种传统的合作是没有未来的。

第二张牌“Q”，我们不讲营销讲生态。在产业互联网时代，营销基本无法解决实际的运营问题，而运营则往往能够替代营销。

一个马来西亚的外贸公司投资了一个燕窝项目，投资完才发现，做燕窝这件事不容易。首先，如果做品牌，投入资金巨大还不一定能做出来；其次，不做品牌做批发也没有未来；最后，努力了半天虽然通过接口实现了存量用户的共享，但是却无法让用户对品牌产生感情。无奈之下，这个公司决定将燕窝项目升级成一个做燕窝滋补服务的女性社群。

有了社群之后，运营的事情就简单了。因为加入的伙伴，尤其是有自己产品和服务的商家，能够提供内容和活动，并且可以让不同产品在一个场景中落地呈现。而在场景中构建出的生态价值，既能获得良好的业务收入，也能满足用户的多维度需求。

其实初心会、肆拾玖坊及企徒体育也是通过类似的方式共享用户和产品、彼此协同运营的。比如每年的共生联盟峰会，每一次都让大家的价值实现了有效的激活和融合。正是这种共生联盟的组织形式，有效提升了我们彼此的业务转化效率。

肆拾玖坊也正是通过社群运营圈养用户，让每个参与其中的人不愿离开，进而基于多元的产品和服务满足大家。比如，肆拾玖坊在演武堂向大家传播酒文化和酒知识的同时，教大家品鉴酒的流程及方法。

除此以外，肆拾玖坊还有企业家俱乐部和免费商学院。商学院请了很多老师，这些老师免费提供自己擅长的课程，更通过诸如游学、徒步等不同的方式，让大家在体验中连接在一起，既能构成不同的兴趣部落，又有效地推进了业务。

第三张牌“K”，我们不谈开发合作谈开放合伙。过去企业谈的是开发合作，引入更多的中心化产品和服务以谋取利润；如今企业更多的是谈开放合伙，把有意向的用户升级成会员，再把会员转化为合伙人甚至股东。这种共享经营权的方式如今已经成为大家的主流选择。

在深度解读过去几年“低成本投入、指数级增长”的案例时，尤其如肆拾玖坊这样的项目，我们发现这些案例都是以合伙人圈层化为导向，从而实现迅猛发展与成长的。

从某种程度上说，老板除了看路、找人、建模式之外，还有一件很重要的事要做，那就是重复地招商业合作伙伴，左手融入合作伙伴，搞定供应链，打造多元收入；右手招募复合渠道，搞定用户池，实现超速增长。

◆ “新创投”时代：“轻创业”成为强需求

所谓的“新创投”是指新中产、轻创业、投融资。对于企业来说，需要更多的合伙人加入；对于个人来说，需要找到更安全、更低风险的创业项目。

如今，每个机构和企业都在慢慢成为一个虚拟综合体，和众多友商抱团取暖，通过多元化、复合化、立体化的产品和服务构成有效满足用户需求的解决方案。所谓的副业，其实最好的选择是“复业”，即那些真正能够沉淀产生持久复利，并能够为自己构建竞争壁垒的复合业务。

“复业”在疫情中慢慢变成了主流，无数企业和个人都试图把自己打造成一个连接和匹配各种资源的路由器。这是一个新的时代，一个融合的“复业”时代，一切都以更好地满足用户需求为导向，以用户主权为导向，以商业的效率和价值为基准。

2020 年，我们没有看到人们报复性消费，只看到人们想报复性赚钱。我们已经习惯了国家经济高速增长，习惯了社会日新月异的变化，习惯了职位、收入明天会更好，习惯了买买买、换换换。所以在疫情期间，我们真的相信全国人民憋在家里被压抑的消费欲望，在疫情结束之后会如同火山一样爆发。

但是，现在疫情像迷雾般笼罩全球，经济危机已然来临，较大概率会出现全球性经济滑坡，甚至大萧条。在这样的背景下，所有人都企盼的报复性消费是不会来了，即使政府出台积极的政策，至多是维持大众的消费惯性，短时间内可能会出现恢复性的消费高峰。

面对未来高度的不确定性，“深挖洞、广积粮”是人的本能反应，报复性赚钱才是首选。如果说这两年人们做副业是为了增加收入，提高一点生活品质的话，那么以后人们做副业很可能是为了家庭的生计。同时，会有很多人被从原来的行业里挤出来，并加入创业大军。

未来适合“轻创业”的项目将成为强需求，也会成为“新创投”时代的主流。那么，什么样的项目会有机会成为这样的项目呢？

1. 衣食住行、文娱、教育等行业的项目。这些是刚需、成熟的市场，大家都有认知，我们不需要投入很多时间、精力、财力去教育消费者。

2. 生活日常用品类项目。那些标准化程度高、能稳定交付的产品或服务，比如酒、服装、化妆品等。

3. 投资少、见效快的项目。如果一个项目需要开实体店，选址、装修、招工、管理、运营、推广、销售，费心费神做完这一大堆事情，最后交付给消费者才能看到钱，这样的项目显然不符合要求。

4. 毛利高的项目。项目毛利太低的话，做营销的空间太小，也不利于发展更多分销商。

5. 可以“即插即用”的项目。项目最好可以让企业在原有的业态、经营场地里直接嵌入，能够帮助企业引流、提高用户黏性、增加盈利点。

未来是分享经济和共享经济结合在一起的共生经济。我们要学会在内部做众创，也要学会在外部做众创。要用联盟的方式连接彼此：首先结成利益共同体，一起分享我们的商业价值；然后迈向事业共同体，看到我们一致认同的远景；最后把那些愿意深度支持我们的伙伴，变成未来共享我们命运的合伙人，打造成真正的命运共同体。

第二篇

重构

众创模式与案例分析

产品是箭，模式是弓，运营是弦，

唯有三位一体方能保障企业的持续增长。

第六章

产品重构：透过现象看本质

◆ 关注用户的生活方式

今天，我们的物质生活非常丰富，人们的追求逐渐转向精神层面，消费理念和审美都在不断升级。人们的需求被多种维度的标签所覆盖，每一个标签背后都代表着一个已经存在的场景。

当你看到这些标签（图 6-1）的时候，你能否通过标签了解用户的身份，联想出用户是怎样的人，消费能力及收入情况是怎样的？描绘出一个用户大概的轮廓，我们称为用户画像。用户的标签越多，用户画像的颗粒度就越细，你就越容易捕捉到用户想要什么。所谓生意就是生活的意义，指的正是一个用户的生活方式。

图 6-1　移动互联网行为标签

生活方式代表着用户的生活理念及追求的生活品质。

在日本寸土寸金的银座，有个开在爱马仕旁边卖大米的店，叫作“Akomeya”。大米只是普通的农产品，但是那里却呈现着生活的美学：从体验一碗热气腾腾的大米饭开始，去寻找一粒米、一勺羹、一棵菜背后日常生活的幸福。

Akomeya 就像一个以大米为主题的大型生活美学和文化的复合空间，二楼有与大米有关的食具和器物，每一件都经过精挑细选，实用又好看。在店里，你一个转身，就会看到在货架上陈列着的烹饪所需要的各种调味品。

它将人带入一种悠然自得的情境，这种情境会让你在吃大米饭的时候，一不小心就入手一套厨具。一碗米饭能帮助你开始追求更高品质的生活方式，并通过解决方案成就你。

所以今天我们说，读书是一种生活方式，旅行是一种生活方式，运动是一种生活方式。肆拾玖坊的酱香型白酒也代表着一种新中产追求的生活方式，它能让你学会如何品酒、健康地饮酒，这都是生活方式。消费升级本质上是审美升级，是消费理念升级。

王小波曾经说过一句话："一个人只拥有此生是不够的，还要拥有一个诗意的世界。"也就是说，产品的功能早已不是最重要的竞争力，产品背后的文化和理念构建出的超出基本功能之外的用户价值，才是最重要的竞争力。

很多年前，我曾应朋友邀请去看一个旅行女装品牌项目。他问我如何更好地突破现状，我的第一个建议就是让他去做旅行。因为我们要基于应用场景做产品，同时建立壁垒，不能让竞争对手占了先机，所以要首先回到旅行场景，然后覆盖产业链上更多的服务，这样才能让用户深刻感受到品牌的理念。

若干年之后，这个品牌迭代成了"追求女性外在之美，同时助力女性心灵之美的释放"。这个朋友最早就是做女装品牌，在淘宝、微博卖货，后来开了生活馆，从女装延伸到亲子装（童装），再延伸到家纺，聚焦在彩色亚麻的生活品牌中。今天再看，整个产品系列构建的是生活方式的取向，所以他的生活馆里还有身心疗愈、占星沙龙、禅修、瑜伽、芳香疗法、茶会等项目，几乎涵盖了女性生活的方方面面。

除此之外，他还规划出一套极其精细的、服务完善的全年旅行方案，在前一年年底就把第二年的旅行计划全部做出来，每一次报名都是爆满。这种社交化的旅行完全根据女性的喜好和特点设计，极大地满足了她们的心理需求。每年 10 次以上的深度旅游项目几乎可以替代其他所有推广活动，很多女性在旅行的前、中、后每个阶段都会主动向别人推荐他的产品。他的粉丝叫“绽放”，一听就很有能量。

所以，谈到产品就必须谈生活方式，在生活方式中隐含着一系列需求，凡是用户要的，你匹配给他就可以。

当年他们夫妻创业时曾有一番讨论，他太太说希望能卖胶原蛋白，他很不理解，说我们做服装的为什么要卖胶原蛋白呢？于是问我的意见，我的第一反应就是：如果用户期待，如果用户需要，如果用户重复使用，那么你顺应用户的需求做就可以了。后来某年我们做大会分享，他来到现场，说他的业绩从过去的八九百万元到现在已经破亿元了，而这一亿多元的业绩里，胶原蛋白占了2000多万元，而且这是他太太一个人做出的转化。

要知道，这只是“捎带着做”的生意。由此可见，在匹配用户时，裂变产生的转化是超出想象的。除了胶原蛋白之外，他们还卖香氛、香水、饰品，但不是他想卖什么就卖什么，而是他从用户身上感受到了这种需求，由此驱动而来。用户想要什么，他只需匹配即可。这些产品不是他的，但跟他自己的产品没有区别，因为用户相信他的推荐。

每个公司在做产品时，刚打入市场的可能是一个尖刀产品，而其背后的小生态都能构建出一个产品矩阵来。如果你不会解构生活方式，就从时间线去切，看用户在不同的时段分别需要什么；也可以从空间去切，看用户在不同的空间分别需要什么；也可以从马斯洛需求层次理论出发，看用户的心理需求是什么，看用户期待什么。这些维度都能让你看到更多的商业机会。

总而言之，经营“货”处处是敌人，但经营“人”处处是朋友。今天是一个经营用户、经营用户关系的时代，你看不到传统的竞争对手，只会看到全新的、更多的伙伴跟你众创共赢。你一旦理解新的商业模式，就会发现真正的“蓝海”——你只需要做一个服务者，做一个“超级店小二”，服务客户，就能够获得商业反哺。

◆ “1”加“一”构建T型战略

什么是T型战略（图6-2）？T由一个小写的“1”和一个大写的“一”组合而成。当你基于一个细分领域，做一个跟别人有差异的细分类别的时候，你便拥有了垂直领域的根据地，我们将其称为小写的“1”；当你基于连接到的用户，通过社群化的运营，提供一种生活方式进而构建生态化的服务时，就构成了一个大写的“一”。在小写的“1”和大写的“一”中间，是社群化的连接点，如果运营得好，企业就会走向生态发展模式。

我们看到很多大集团公司或知名平台本质上也是如此。比如打开微信支付，会看到里面很多产品和服务并不是微信的，但它都在连接；打开支付宝，里面很多产品跟服务也不是它的，但它也在连接，这就是服务平台。无论是中小微企业，还是大的集团公司、平台，都在不知不觉朝这个方向发力。因为用户太金贵了，用户的注意力就是生意，因此一定要千方百计让用户跟你产生联动。

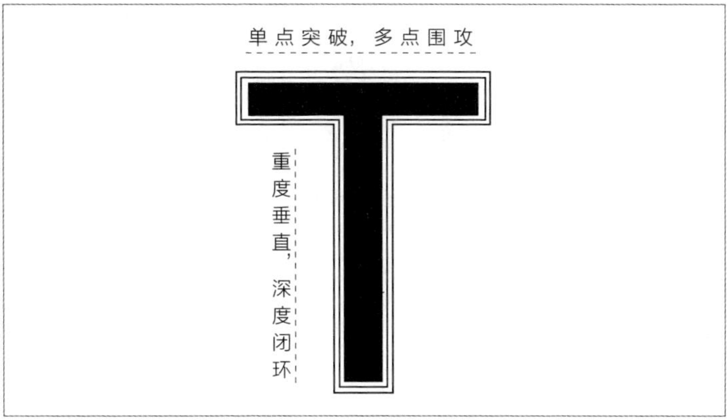

图 6-2　T 型战略模型

在我们研究的案例中，亚朵酒店是实践 T 型战略非常到位的一个企业。亚朵定义了第四空间这样一种生活方式，基于连接的一群人，在深耕基于酒店住宿的细分领域的同时，又构建出一个属于亚朵的生态。亚朵的纵轴是全住宿产品，包括亚朵酒店、亚朵轻居、IP 酒店、中长期住宿公寓等；同时，它又通过社群化的运营，联动了大写的“一”，满足了用户多样化的需求，包括实景电商、消费金融、旅行等，做到了生态布局。

截至 2019 年 4 月 22 日，亚朵已经有 1800 万会员，自有客源比例高达 85%，会员的复购率高达 57%，而且在满分是 5 分的前提之下，亚朵能够做到 4.93 分，数次打破自己创造的纪录。

亚朵正在以第四空间这样一个开放的生活社区，打造一种新模型，并影响它周围3公里的社区，以构建亚朵式的美好生活。无论是住客、市民还是旅行者，都能够在这里探索、发现、体验和分享。亚朵打造的生活馆，始终秉持着人文、温暖、有趣的品牌精神。它能让人们从一杯茶、一把伞、一个枕头、一场旅行中体验到亚朵的生活美学。

亚朵真正地从经营房间走向了经营人群，提供围绕人的竹居书店、属地摄影等服务，还有五星级的实景电商，并且跟各种跨界IP合作，做出了新的跨界酒店。

除此以外，亚朵还通过会员众筹的方式，实现了更有效的彼此连接。一个经典案例是，某客人住过亚朵酒店后，觉得实在是太舒服了，便投资500万元成为亚朵平台上的一位创客。大家是否知道这位用户投了这么多钱意味着什么？意味着他一定会向家人及亲朋好友推荐亚朵，并在他本人及公司员工出差时在亚朵住宿，还会跟创业的朋友推荐亚朵……T型战略真正打造出创客&友商&用户一体化的众创的结果。

在电商领域，亚朵很早就成绩斐然。2016年双11，它在一天之内卖了3万个床垫，超过天猫所有专业卖床垫的商家。如今亚朵的衍生产品收入大约占亚朵总收入的三成，这既能更好地服务于用户，又极大地拓展了自己的营业收入。

如今，越来越多的商家在实践这样的方式。肆拾玖坊也是通过 T 型战略在全球攻城拔寨的：首先通过一款酱香型白酒连接了一群人，并将该酒打造成细分领域圈层白酒品牌第一名；然后用社群化运营，让全国 20000 多个合伙人彼此产生连接；进而提供中产家庭吃的油、小米、大米等产品；最后提供商务场景中的啤酒、红酒、茶以及个人需要的诸如太极、辟谷、经营等培训课程。

所有的生态都不是规划出来的，而是在运营用户的过程中感受到用户的期待，然后匹配用户，慢慢生长出来的。未来的商业一定不是某一家企业通过自己的努力就能做好做强的，而是不同的企业之间互相融合，达到彼此众创共赢才能做好做强的。

总而言之，未来的竞争不是企业之间的竞争，而是企业集群和企业集群之间的竞合，更是商业生态和商业生态之间的竞合。阿里系和腾讯系各自代表着一个集群。与他们相比，中小企业可能没有那么大的影响力和整合能力，但是每个企业都可以通过联盟的方式连接“同群异类”的商家，嫁接别人的产品和服务，让自己变成一个虚拟的产业综合体。而这个产业综合体，一样秉承着T型战略，重度垂直于某一类人群，并深度挖掘他们的各种需求，为他们服务，最后构成一个生态平台。

◆ 八大品类搭建产品矩阵

在匹配市场需求的过程中，每个公司都会生产很多不同的产品，但是很多时候，让这些产品彼此协同比生产本身更重要。这时就必须回到产品本身，所有产品都要有自己的角色。

有的产品天生就是炮灰，它的存在就是为了让别的产品更好卖；有的产品就是为了引流，吸引用户来到你的世界，搞定入口；有的产品就是为了增大现金流，不以赚钱为目的；有的产品就是为了利润；有的产品就是为了裂变；有的产品就是为了让用户“爽”；有的产品就是为了展示形象……就像一个特种兵参加战斗，匕首、手榴弹、手枪、迫击炮分别适用于不同的场景和距离。所有的产品都是为了支持整个平台，是纵深立体化的，而不是“单兵作战”的概念。

在今天的商业战场上，我们也要学习特种兵的战法，在不同场景用不同武器，以达成目的。今天的商业是创客平台化的，在平台赋能的过程中，要让一个普通士兵变身特种兵，一人抵一个连，如何做到？其实就是搭建产品矩阵。

怎么理解产品矩阵？首先要重新定义产品：产品是连接的工具，工具决定了获取和转化用户的效率。严格一点说，如今的产品不同于过去的产品，它由功能（使用价值）、服务（体验价值）及内容（传播价值）构成（图6-3）。要实现产品的连接效果，就需要产品化，即将一系列的动作路径或需求转变成标准化、规模化及可复制的实现路径。

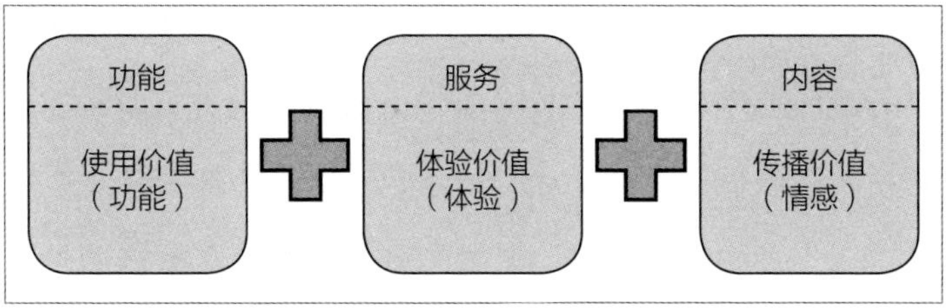

图 6-3　产品的构成模型

我们在创业初期往往只有一个产品连接用户，一段时间后用户就会出现审美疲劳。怎么办？请记住，培训、体验是今天所有商业的标配。原因是人的注意力太值钱了，用户的流量太宝贵了，必须要深度挖掘。所以，要陪伴用户，并用培训、体验等方式实现。

今后，所有的行业本质上都是教育业。我们看到做得好的品牌和产品，都在用不同的方式培养用户。在这个过程中，通过多元化的方法让用户认同你的理念，这难道不是教育吗？所以，做得好的行业和平台，都有一个特点，即很注重对用户的教育，都有商学院。尤其是阿里巴巴，做淘宝的时候先做淘宝大学，通过对业务员的培训，让大家认同其理念，后面的产品就是道具了。阿里巴巴的服务都是培训、教育前置的。我们可以看到，大品牌在教育上的投入都是很高的，培训是标配，大家认同其理念之后产品就好卖了。

支撑用户生活方式的是如何更好地选品。选品是有边界的，你要理解用户的核心场景，然后带动次级场景，再去构建关联性消费。比如，肆拾玖坊的核心场景依托于核心用户，其画像为 45 岁到 55 岁、喜欢喝健康型白酒的企业主。他们的核心场景是商务生活，次级场景就是商务礼品需求，连带居家生活需求——这些场景适度做延展就变成了关联性消费，构成了选品的边界。可以看出，品牌文化越强，就越容易选品；而品牌文化越弱则影响力越小，选品范围也就越窄。

在日本东京代官山，有一家以女性的 16 种生活场景为模式的“一站式女神集合店”——Maison IÉNA。这家女性生活方式店围绕成为优雅、独立女性的 16 个场景展开。从早上起床到通勤、上班、回家的全时段，包括工作、交友、约会等多个场景，涉及烘焙蛋糕、煮咖啡、看电影，以及看海、沐浴、泡温泉等多项休闲娱乐方式，构建出由其理念支撑的整个产品矩阵。

这个理念是什么呢？——保持自我、精进自我，没有完美人生，我要活出自己，全力以赴，也允许失败。16 个场景，每个场景都有与其调性相匹配的产品，自白式的几句引导语构建出让女性追求的生活方式。

这家店的每一层楼都有支撑其场景的产品和服务。比如，美好的一天从烘焙早餐开始，它引进了巴黎著名的面包品牌，并配以简单大方的装饰，追求简约的美；接下来它会告诉你，女性要学会用花衬托自己的人生，所以它的花店不是让你一次性消费，而是会员制，告诉你每周怎么配花，一年四季如何搭配插花，同时将理念慢慢渗透给用户；这家店还卖香水、服饰及一些轻奢品，都是在告诉女性要爱自己，要有女性魅力；同时，它也建议女性适当旅行、社交，告诉女性要有独立的个人空间和爱好；最后，它还延伸到了亲子关系和孩子教育方面。所有这一切，都是在构建精致中产女性的生活方式。

产品矩阵的搭建是为了让市场人员有一个“武器库”，在面对用户的时候能够得心应手。这个武器库至少应该有八大品类：引流产品、入门产品、收入产品、盈利产品、连接产品、分享产品、超值产品、展示产品。下面以我们为索芙特集团护肤品项目做的“武器库”为例（表6-1）。

表6-1　八大品类搭建产品矩阵

产品应用	关键词	例如
引流产品	低价、高价值感	玻尿酸精华液
入口产品	自身产品、轻决策	玻尿酸精华液
现金产品	销量高、毛利低	洁面系列、爽肤水系列
利润产品	单价高、利润高	美白、抗皱、修复精华系列，局部精准护理系列
黏性产品	频次高、关系强	i-softto 会员
裂变产品	易分享、快传播	氨基酸洁面乳、夏季乳木果喷雾、玻尿酸保湿面膜
兑付产品	联盟合作、价值提升	高端奢华软黄金基底养护套装、焕白莹润养肤套装、逆龄焕颜养肤套装、四季养肤系列
形象产品	品牌形象、社会形象	377VC 精华乳、美肌探秘之旅

以上这八种产品各自承载着它们所具备的功能：

引流产品的功能是吸引流量，引起用户兴趣，促使用户连接到自己的品牌或平台。一般解决营销的问题，引流产品可以不是自己的产品，只要能吸引用户、连接用户就可以，使用别人的产品也未尝不可。

入口产品的功能是让用户进入自己的世界，了解并体验品牌或平台的价值。入口级的产品有时候也可以承担引流产品的功能和价值，但是入口产品必须得是自己的产品。

现金产品的功能主要是搞定现金收入，一般不会带来很高的毛利，主要是帮助企业保持良好的运营，保持造血的状态。

利润产品的功能是产生盈利，帮助企业获得利润。

黏性产品一般是保持和用户关系的产品，用户使用频次较高，与用户关系较强。

裂变产品则是在用户市场快速传播，用户之间通过分享实现新用户连接和拓展的产品。

兑付产品是能够提升价值的产品，让人感觉值得。

形象产品是指提升品牌或平台格调的产品，帮助品牌或平台价值提升并带来市场认知。

当我们深度理解这八种品类后，构建产品矩阵时才会真正明白如何设计产品、规划产品。

我们看到很多中小微型企业在“盲打”，产品很多，但是很混乱，不具备矩阵设计。肆拾玖坊就做了有目的的规划，比如千斤坛就是很典型的利润产品，而用于分享的就是入门级产品，这些都是构建品牌或平台的很重要的布局。

产品设计一定要应用矩阵，这样才能构建出生活方式，才能很好地应用 T 型战略，才能保障企业从最基本的单品向生态和平台延伸。

第七章

模式重构：改变资源的组合方式

商业底层逻辑之“田忌赛马”

我们在研究低成本投入、指数级增长的时候发现一个规律，所有能做好的项目都有一个特点——拥有一个单点模型，这个模型是封装化的、可复制的、很稳定的。

肆拾玖坊的肆玖家宴、酱香之旅、封坛大典等活动型产品就具备这样的特点。肆玖家宴用一款极简的产品宗师酒构建了一个招待友人的场景，然后基于酒文化、饮酒仪式等体验和展示，推进每一个合伙人的转化。

酱香之旅和封坛大典更是深度的文化之旅，肆拾玖坊在过去的几年就是重复这些动作，最终发展了 100 多家新零售分销商，20000 多个分布于上千家公司的合伙人，做了十多亿元的业绩。

当有了一个比较稳固的单点模型，便可以将社会的闲置资源作为杠杆去撬动巨大的存量市场。

我们说产品是箭、模式是弓、运营是弦（图 7-1）。有了好的产品，就必须设计一套好的模式。理性一点说，模式本质上也是一种产品，只是我们大多数时候都聚焦在具象的产品上，忽略了原本可以放大市场机制的模式这一环。

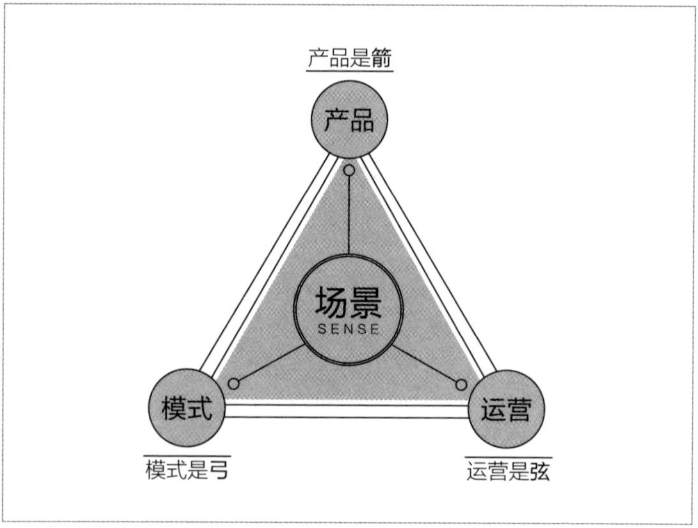

图 7-1　产品、模式、运营的关系

如果说战略定位定生死，那么模式就是定强弱。所有伟大的公司本质上都是一个商业模式的外挂史。我们理解的商业模式，其实就是创造价值、传递价值、捕获价值的一个过程，聚焦的是赚钱的问题。

谈商业模式，有三个最基本的认知：一是价值主张，二是业务结构，三是盈利模式。价值主张是指你跟别人不一样的地方，你创造了什么样的价值。业务结构是指你跟你的上游、中游、下游的关系如何界定，你跟你的供应商是怎样去连接的，你跟你的用户、渠道是怎样合作的。盈利模式则是指你如何更好地赚钱，如何控制成本，如何获得利润的交易结构。

肆拾玖坊的众创模式，就是一个典型的左手开源右手节流的低成本投入、指数级增长的好的商业模式。开源是指能够融入更多需要的供应链上的商业伙伴，能够为自己带来更多元的营收来源。节流是指能够招募到更多的能匹配用户池的复合渠道，能够通过项目复制创造更大的被动收入。所以，在整个生意顺势时，肆拾玖坊能够打闪电战迅速覆盖市场，是因为市场需要被赋能的社群、商会。也正是基于此，肆拾玖坊才能持续几年业绩不断翻番，实现指数级的增长。

此外，在遇到特殊情况的时候，比如 2020 年的疫情，它能够控制成本，因为不需要发员工工资，很多运营成本也省了。最终做到了虽然没有销售，但有千军万马；虽然不是银行，但有源源不断的现金流。这是一个团结一切可以团结的力量的过程，也是一个融钱、融人、融资源的众创结果。

我们在研究这样的商业模式的时候，先要弄清楚其背后的底层逻辑，然后才能弄懂支持其发展的驱动力是什么。

商业模式也是创造价值、传递价值、捕获价值的一套基本原理。在深度理解传统和众创商业思维的不同之前，先从我遇到的一个项目来看看"田忌赛马"的故事给我们带来的启发。

有一次，一个朋友带我看了他投入巨资的一个艺术类项目。创始人前后 10 年时间已经在这个项目上投入了巨大的精力、财力，最后，在面对市场转化的时候，他才发现该项目对标的任何一个他所熟知的行业佼佼者他都没有机会赢。如果用与别人相同或相似的模式重来一遍，就得比拼资源、财力，以及重度运营的能力。然而这几个方面他都不行，盲目乐观不但不能带来超越性的增长，还有可能在 2020 年的疫情中阵亡。

这让我想起了齐威王和田忌赛马的故事。当齐威王用上等马和田忌的上等马比赛，用中等马和田忌的中等马比赛，用下等马和田忌的下等马比赛的时候，田忌总是无法赢得比赛，原因是齐威王的马实力更强。孙膑看到这个情况后，帮助田忌大将军调整了马匹的比赛次序，用田忌的下等马和齐威王的上等马比赛，相当于放弃了第一场比赛，而后用田忌的上等马和齐威王的中等马比赛，用田忌的中等马和齐威王的下等马比赛，三局两胜，最后田忌赢了。

我们尊重传统商业思维，但不能忽略传统商业思维的边界。如今的存量经济要求重构规则，重塑事物的次序，以便创造出有竞争力的资源。如果我们此刻仍然用传统的商业思维去尝试超越别人，不但不符合趋势，同时也面临着更大的风险。

齐白石说，学我者生，似我者死。我们必须要打破过去别人的规则，不要想着弯道超车，而是要换个赛道，避开强者，用另外一条路径创出可能的超越之路。

传统的商业思维是首先搞研发，然后造产品（即价值创造），进而做推广（即价值传递），最后买渠道（即捕获价值）。总之，就是不停地投钱、烧钱、砸钱，却不知道什么时候能赚到钱。这种打法不适合中小微型企业。如今的市场环境波动大，钱全部花光了，你却不知道从哪里赚回来。

因此，我们可以试着从另外一个维度去思考，调换一下排列次序，看看怎样不用一上来就投入很多钱、不出现大量的损耗和浪费，甚至一开始就有收入，让创业初期的风险降到最低。同时，不能只靠自己一个人打拼。那么，这里的底层逻辑就要全部调整了，具体建议是：通过联盟的方式锁定用户，尤其是存量用户，他们在哪里，我们就到哪里去。首先搞定捕获价值，即聚用户；聚到用户以后，就需要引创客，这里不仅解决传递价值的问题，还会吸引一些人投钱和你一起创业；接下来是找到匹配用户需求的供应链，即融友商，而创造价值的过程只需要基于存量经济下的大量闲置资源做匹配即可。

基于这样的打法，我们才能以小博大，以弱胜强，以低成本投入获得指数级的增长。

如果把田忌赛马中的三匹马类比成我们在商业模式里讲到的基本步骤，创造价值是一匹马，传递价值是一匹马，捕获价值也是一匹马，那么成功与否的关键就在于排序。我们问问自己，中小微型企业在存量经济时代的上等马是什么？毋庸置疑，一定不是创造价值，而是捕获价值。

因为中小企业的老板能够冲到第一线，能够跟用户互动，且有足够的驱动力和好的服务心态。而创造价值对中小微型企业来说是最难的，因为中小微型企业，尤其是小微企业，一谈原创就等于死亡。要原创就要投钱、投人、投资源，而且要耗时间，因此我们不推荐刚刚成立的公司或者中小公司去搞原创，中国的产品太多了，你只要有心去匹配总能找得到，没必要非得自己原创。所以，在存量经济时代，对中小企业来说最好的排序是先做捕获价值的事，再做传递价值的事，最后做创造价值的事（图 7–2）。

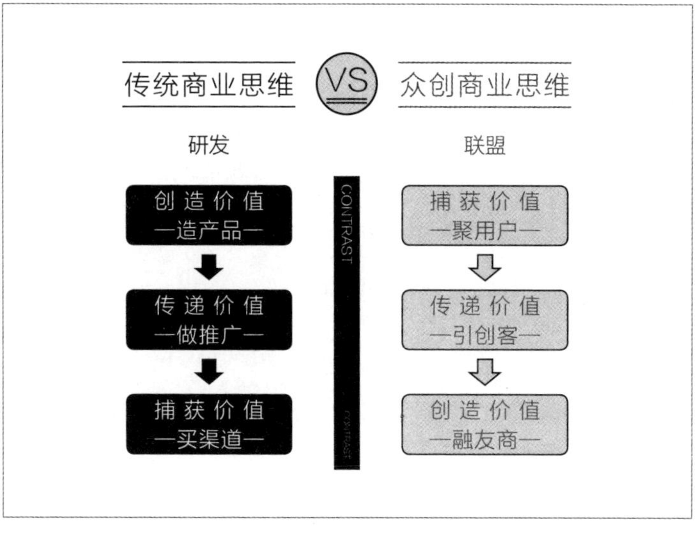

图 7–2　传统商业思维 VS 众创商业思维

传统的商业思维通过创造价值、传递价值、捕获价值的路径来创业，这种打法我们称之为“失血”。而众创商业思维通过捕获价值、传递价值、创造价值的路径来创业，我们称之为“造血”。

无论是初心会还是肆拾玖坊，都在用众创思维拓展和运作市场。这种破局之路是中小微型企业的最佳之选。

在研究精益创业的过程中，我们发现一个很大的挑战：精益创业的整个闭环太长，中小微型企业根本来不及用精益创业去打磨一个待验证的产品就已经死了。

不是精益创业的方法论不对，而是中小微型企业的第一痛点是先生存，这和中国的商业环境有关。话说回来，就算用精益创业验证了一个产品，但是要迅速发展壮大，这又是一个巨大的挑战。过去我们总是一环一环地向市场推进，从没想过其实有的时候可以把捕获价值、传递价值、创造价值在同一个时间段搞定。

比如，通过众筹股东的方式吸引友商加入，他们不但能够提供供应链，还能够提供用户池，只是他们缺少一个被连接的机会和主体。当你基于一类用户群连接到多个友商，进而构建成联盟公司的时候，就已经实现融钱、融人、融资源的结果了。而在落地方面，就是把创造价值、传递价值、捕获价值统一在一个动作中搞定，这就是中国式的创业智慧。

凡是用精益创业突破发展的企业，都具备两个前提条件：第一，团队实力强，专业度互补；第二，在北上广深等地拿到了融资，一开始就走上了专业路线。

精益创业讲的都是正确的道理，这和爆品战略的概念一样，都是比较好的方向，但实践起来要求太高，因为它一开始就是走资本化的赛道，而对于中国 94.86% 的中小微型企业来说，赚钱才是第一要事。

中小微型企业面临的挑战是什么？是没有足够的钱，没有足够的资源和势能。如何在没有渠道、没有品牌，甚至没有很强大的资源的情况下实现增长？

凯文·凯利曾说："不改变资源本身，只是改变资源的组合方式，即可产生经济增量。"

中国目前的存量经济给我们带来非常大的一个机会，那就是：激活闲置资源、匹配精准资源、创造竞争资源——低成本投入、指数级增长，这也是我们对众创的理解（图 7–3）。

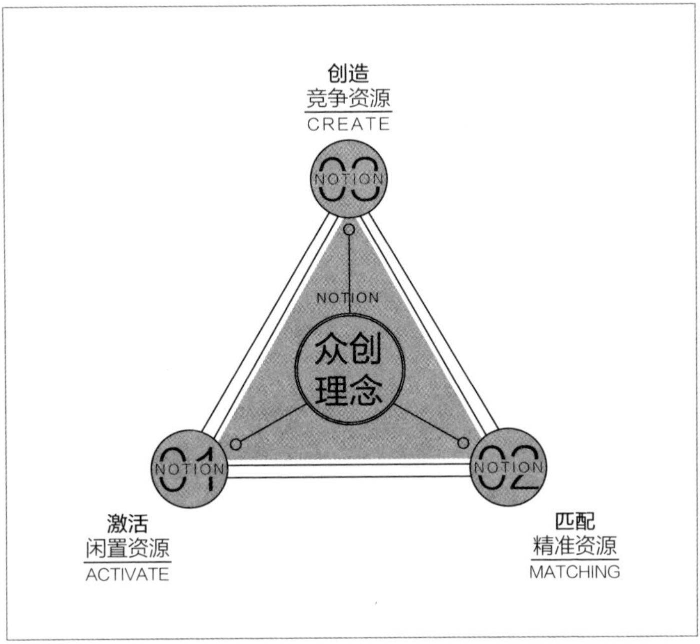

图 7-3　众创理念

众创模式，是一种造血的模式。在众创模式下，如果能找到一个裂变内核作为支点，再结合整个共生联盟带来的社会化资源创造的杠杆效应，那就一定能够实现指数级增长带来的业绩爆发。

◈ 顶层设计之“共生联盟”

理解了底层逻辑，紧接着就得研究顶层设计了，商业空间就在于底层逻辑和顶层设计的中间部分。顶层设计是我们的天花板，只有比较高的天花板才有值得我们拼搏的未来。

多年之前的购买方式我们称之为清单式购买。小时候，每到年底我就特别开心，因为终于可以跟母亲到供销社去买好吃的东西。家里把一年的储蓄拿出一大半，按照清单一项一项购置年货和礼品，这就是清单式购买。

随着物质越来越丰富，出现了卖场，这时我们会集中到一些卖场，比如国美和苏宁，有选择性地购买产品。之后电商出现，比如淘宝、京东以及后来的唯品会等，我们可以在线上购买更多元化的产品。我们可以通过搜索的方式，在足够多的产品中去做挑选，这种购买方式叫搜索式购买。

再后来，随着微博、微信的出现，我们又进入了这样一种状态，那就是很多时候我们刷着刷着屏不经意间就买了一些东西，这种购买方式我们称之为探索式购买。由于我们已经不满足功能性的消费，期望在刷着微博、微信朋友圈的过程中，基于购买发现未知的乐趣，满足自己内心的体验需求，于是有了探索式购买。

当我们以为探索式购买就是最终的购买方式时，却发现社交电商给我们带来了全新的购买体验——推荐式购买。因为选择太多了，用户也想省时、省力、省钱，怎么办？一些优秀的社群和平台便出现了，他们比用户更懂用户，向用户推荐其所需要的产品。比如，拼多多可以通过你的购买记录用算法向你推荐你可能感兴趣的产品。

在顶层设计上，推荐式购买帮我们把所有的天花板都拆掉了，简单地说，在比你更懂你的时候，推荐式购买成就了你的生活方式，也成就了商家。从抖音到视频号，其实都在用更高维度的算法锁定用户圈层。

一方面，这种平台式的推荐服务将成为常态，而在线化的商业也越来越集中在头部平台。另一方面，线下离散型的商家也越来越有活力。因为即使是一个在社区、商圈里面的小店，它今天都不只是一个小店，它可以通过线下的价值连接这个小区、社区、商圈多维度的服务。尤其是如果有赋能级平台支持的话，它可以更好地为用户提供供应及时、挑选优化以及体验强化的升级服务。很多这样的线下服务是无法被替代的，这也是产业互联网的一个结果——小的门店、小的商家不可逾越。

所以，我们认为未来会有一个很大的生活圈服务方面的机会。未来的新零售将会下沉到生活圈服务，我们要思考的是，如何通过时间培养用户的习惯、通过场景的切割为用户匹配需求方案，最后实现与用户的深度联动。

一个小区、一个商圈、一个社区中的本地化服务是不可替代的，通过众创，这些本地化服务能够变成一个虚拟的产业集团。它能基于用户的需求，连接线上和线下，满足他们的生活方式。在满足用户生活方式的过程中，它的商业模式就慢慢出现了。

现在，你得主动学习连接更多的商家构建联盟，并基于你们相同、相似的用户群，共享你们所拥有的产品和服务。优秀的商家都能够在用户产生渴望之前激发其渴望，在用户产生需求之前为其创造需求。他们比用户更懂用户，能够通过社群运营与用户产生黏性连接，能通过大数据分析界定用户，并利用算法和认知向用户推送产品和服务。所以，这个时代一定是推荐式购买的时代，也是能够实践单客经济的时代。

单客经济就是针对一个用户，通过多维度服务满足其多方面的需求，并能持续提供服务，发挥用户的终生价值。这也是以推荐式购买为前提的。

让一个用户从消费300元到消费3000元，再到成为一个投资3万～10万元的合伙人，这种方式在当下越来越多。在这个过程中，我们提倡“三不能”法则：

第一，你不能只卖产品，还要学会卖理念、卖培训、卖旅游、卖服务、卖一种生活方式，这样才有机会更好地为用户推荐合适的产品。如果你只有大杂烩般的产品和服务，不但不能转化，还会透支用户对你的信任。

第二，你不能只卖自己的产品，还要学会卖别人的产品。你不能只靠自己的产品赢，还要学会让更多联盟伙伴的产品帮你赢，以保证更全面系统地满足用户的需求。

第三，你不能只靠自己卖产品，还要依靠联盟伙伴助力你的产品销售。这既能让你获得“睡后收入”，还能助力别人更好地服务他们的用户。

如此一来，你就能获得多元化的发展，同时获得别人的用户在转化过程中带来的增量。

在肆拾玖坊，537门店就是用这种方式在构建它的商圈。这种商圈的本质是，从企业主、企业家的商务生活圈延展到他们的家庭生活圈。一个门店在为一个企业主提供服务的过程中，不但能深度影响一些与该企业主有同样秉性的重度用户，还能带动小区里的终端用户。

肆拾玖坊的537门店变成了一个商圈、一个小区的路由器，肆拾玖坊的新零售分销商变成了一个商业圈层的路由器，很多商会会通过它们的连接，共享服务、产品及存量用户。今天，我们看到一些优秀的品牌和商家都在掀掉头顶上的天花板，通过连接更多的联盟机构，向用户提供生活方式的解决方案，以实现商业的变革和破局。

在从推荐式购买升维成一个商圈、一个行业或者一个产业路由器的过程中，我们需要思考三个问题：

第一，对于用户来说，我们是过度营销还是真的基于对用户的理解挖掘用户的需求？

第二，对于友商来说，那些有供应链也有用户的友商，我们跟他们结盟，是一上来就强势导流，还是真正地与他们共享协同？

第三，对于创客来说，他们加入我们的平台，加入我们的品牌，跟我们在一起，他们跟我们是代理合作的关系，还是我们真正能够服务他们，给他们赋能？

今天，传统的企业都在打破边界，趋向于构建一种共生联盟，通过企业集群的方式彼此协同，以求更好地生存和发展，进而实现低成本投入、指数级增长的破局。

◆ 众创模式之“共商、共建、共享”

众创模式，用凯文·凯利的观点解释，就是重混。大概意思是说：不改变资源本身，只改变资源的组合方式，即可产生经济增量。

在初心会这5年落地的过程中，我们用另外一种方式进行了解读：在存量经济之下激活闲置资源，匹配精准资源，创造竞争资源，实现低成本投入、指数级增长的商业模式。

今天不需要零和博弈，需要的是一种共生的结果。大家通过核心资源的重构而不是资本并购，来实现效率更高、成本更低、转化更快的目标。

众创模式讲究团结一切可以团结的力量，即在存量经济下通过集合20%的头部商家抢占落后分子的市场。众创的“众”代表参与感，“创”代表可能性。今天的众创是从用户、创客、友商三位一体的角度去理解的，唯有基于共同的用户群，向往共同的未来，才有可能彼此结盟，构成利益共同体、事业共同体和命运共同体。

2019 年，我们有个联盟合伙人做了一个众创项目。这是一个从保险公司出来的职业经理人的创业项目，他看到在江苏常熟有大量闲置的服装厂，同时看到很多小服装店经营困难，左边有很多闲置的货，右边有很多闲置的场，于是他基于学习的内容开始在这个行业的众创项目。短短几个月，他就获得 5000 多个会员单位（会员费 5980 元 / 年），同时发展了数十个需缴纳 18 万～ 60 万元资格费的城市合伙人，还有很多缴纳 39800 元服务费的服装厂。为什么这个项目一启动就有这么好的回报呢?

首先，服装厂愿意花费一定的钱让平台帮助自己进行销售，在保证销售额的前提下缴纳一定的服务费是非常合理的。

其次，市场中很多小服装店的进货成本很高，平台承诺给予高达 40% 的让利，自然很有竞争力。因为大多数小服装店的拿货价格从一批到二批再到自己手中已经被加价很多。此外，这个平台还提供一件代发的服务，而且在合理的范围内可以调换甚至退货，让采购者没有库存的压力。除了这些，平台还有共享店铺、共享直播等契合当下市场特点的服务。

最后，很多在市场中有资源、有人脉的行业伙伴，也愿意通过连接和平台与大家共创未来，有一定比例的合伙人过去是经营服装的工厂主和门店老板。

这就是中国存量经济下的真实写照和红利机会。中国还有餐饮门店 500 多万家，教育机构 50 多万家，咖啡馆 10 多万家，酒店宾馆 10 多万家，瑜伽馆 5 万多家，旅行社 2 万多家……还有很多日暮西山的传统行业，半死不活的社群商会。

有一家从印度走向全球的酒店，叫 OYO。在 6 年时间里，OYO 将其业务扩展到全球 800 多个城市，拥有 23000 多家品牌酒店共 85 万间客房，在很短的时间内覆盖了中国 337 个城市，拥有超过 50 万间客房。2019 年 7 月 12 日，OYO Hotels&Homes 宣布成为全球第三大连锁酒店。而这个连锁酒店所有的客房都是别人的，它自己没有一间，就是通过连接实现了超常规的发展。

无独有偶，阿里巴巴旗下的飞猪也通过一样的路径借菲住联盟（图 7-4）占据了中国酒店的另一块市场——中高端精品酒店。在项目启动后的 3 个月内，菲住联盟签约 15000 多家酒店，超 60 万间客房，覆盖 300 个城市。

图 7-4　菲住联盟

众创模式的本质是基于存量经济下共商、共建、共享的方式，实现属于各自领域里的“一带一路”。它的底层密码就是阿里参谋长曾鸣老师提到的 S2B2C 模式。和曾鸣老师不同的是，我们研究的众创不是单向中心化的设计，而是双向多中心化的设计。因为碎片化的存量需要不同商家彼此的赋能和共享，才能获取最大化的价值。基于众创构建的联盟在某种程度上两两交互，往往会比单一的中心化更富有价值创造的空间。

那么，具体什么是 S2B2C 呢？其实就是传统的 B2C 商业模型在迈向未来 C2B 商业模型过程中，中间的过渡模型。在过去B2C的时代，你会发现企业天天只顾生产产品，根本不知道用户要什么，导致生产过剩，效率极低，资源浪费。但是直接实现C2B，由用户倒逼供应链，由B端碎片化地服务于终端，也很难落地。在无法基于复杂的场景准确对接C端所有需求的时候，可以根据那些服务于C端的小渠道商，也就是所谓的小B端，把终端用户的消费结构和趋势抓取出来，倒逼供应链，提早做预判和整合。这样就能够帮助我们尽量减少不必要的浪费。

所以，S2B2C是过渡到真正C2B时代的一个非常有效的中间模型，在这个过程中我们把自己慢慢变成一个S端，变成供应链，并结合匹配的板块去给小B端赋能。这个小B端以前也有产品和服务，但是由于产品和服务太单一，难以达到他的利润目标，而且也无法让用户产生复购黏性。于是他就期待我们的赋能，希望通过我们的赋能帮他提升竞争力，降低成本，提高效率，尤其是推进招商复制的可能，赚到更多的钱。

我们在赋能给他的时候，通过提供数据化支持和平台服务，能够帮助他更好地理解C端，进而更容易实现C端的裂变，还能保障招商的安全性。

而我们作为S端服务他的时候，也需要他的赋能。因为他作为线下的小B端，哪怕是一个社群的KOL，具备的是信用背书。他的转化效率绝对高，比我们传统的拓客方式转化效率要高很多倍，而且还有机会卖高客单价的产品。

总之，S端不仅能通过渠道端照顾到终端用户，还能基于终端用户数据的反传，让S端找到更好的服务路径，所以，S2B2C是众创低成本投入、指数级增长的底层密码。S2B2C能够非常有效地解决我们成本浪费、效率低下的问题，还能助力我们拓展更大的盈利空间。

不过，基于S2B2C实现开源节流还得借助于联盟。之前我们讲过李小龙截拳道的寸拳，这个寸拳很重要，攻防都在一点。对于众创来说截拳道的寸拳就是众创联盟，而小B端就是寸拳击发的那个点，这个小B端往往既有供应链，还有用户池。就像肆拾玖坊的新零售分销商之一——一家冷榨花生油工厂，规模很大，也有用户池，所以它既为肆拾玖坊提供花生油，也帮肆拾玖坊销售酒。

在众创联盟的打法中，最简单的理解就是：我的存量用户是你要的，你的存量用户也是我要的，至于供应链更是如此。大家通过共享存量，基于共同的认知、共同的约定、盟友的协同，一起把市场做好。

这里就能看到众创联盟带来的好处：流量回报与有多少家机构伙伴加入众创联盟有关，一般会为你增加 3 ～ 10 倍的流量，这样也就能迅速增加你的现金流；还能帮你降低 30% 以上的营销成本，因为我们新增的这些用户，不用自己去推广了，有别人的信用背书做转化，你会发现前端营销的成本没有了；你的利润来源和收入结构也会改变。你以前只卖自己的产品和服务，今天通过联盟的方式，得到了别人的产品和服务。当把别人的产品和服务嫁接进来，你会发现你的用户在买别人的产品和服务的时候，你的收入也增加了。而且因为有别人的赋能，你不会太累。

众创离不开联盟打法，我们要用联盟合伙的方式重构成本。优秀的平台和机构要积极主动地学习构建联盟。竞争越激烈，联盟就越流行。

很久以前，联盟比比皆是，比如，在春秋战国时期，到处有人称霸，到处都在打仗，所以到处都是联盟，合纵连横就是在那时出现的。到三国鼎立时期也是联盟，再后来我们看到的是英联盟、美联邦，以及北约、WTO，本质上都是联盟。

在美国、日本的存量经济时代来临的时候，我们看到了产业联盟的诞生。我们认为中国2019年存量经济见底，所以我们把2020年当作中国的产业联盟元年。未来会有更多的联盟出现，因为大家不抱团取暖，不蓄势谋远，就不会有未来。成本越来越高，节流越来越难，自己赚的利润越来越薄，你必须掀掉自己的天花板，才有可能获得新发展。

其实，存量经济叠加疫情，也在倒逼每家企业改革开放，掀掉天花板。只有实现价值的流动，才能获得更大的回报。

这是一个冰火两重天的时代，肆拾玖坊通过"始于众筹，成于众创，兴于联盟，达于裂变"十六个字的众创模式，打造了集用户、创客、友商的命运共同体，于是有了一个短短几年就创造了10多亿元业绩的传奇。今天不是一个人创业的时代，而是一群人团结在一起的众创时代。

要做众创就必须做到两个变革：第一，要学会把成本中心变成利润中心；第二，要把代理模式变成赋能模式。把这两点做好，你的公司就会焕然一新。所以，看我们以前的业务结构，我们会发现，我们跟自己的供应链、渠道、用户的关系，永远都是对立的。大家都希望你越便宜越好。

但是今天，我们用众创模式构建的平台，像肆拾玖坊这样的企业，为什么能够迅猛地成长，只有一个前提，就是他们在打造共生体，把用户变成外部合伙人，把员工变成内部合伙人，把供应链的供应商变成友商，同时把渠道商变成创客，并且能够赋能。

当下，商业利益相关者的关系变了。基于众创实现转型升级，要满足三个基本原则：

第一，轻资产。重资产的风险太大了，主要是市场风险大。

第二，重运营。运营一定要重，只有重运营，才能真正赋能于用户，才能通过渠道、友商，激活场景背后活生生的那个人，帮助他拿到结果。重运营的同时还需要强数据，因为只有数据才能够反哺你，使你更有效率地设计出运营轨迹和用户的旅程。

第三，强体验。没有体验感的产品无法构建社交活动，更无法替换线上的效率。只有体验感强的产品和服务，才能够不断地注入文化和内容，最终助力市场的复购和持续的经营价值。

第八章

运营重构：
主动连接用户创造接口

◆ 组建联盟，服务精准人群

谈商业就要谈组织，但是相对于过去的线性组织来说，如今更多的是生态组织。生态组织里不但有斜杠青年的影子，还有承担合伙人角色的联盟伙伴。

肆拾玖坊之所以通过联盟实现了更高效的业绩破局，首先是基于存量经济之下的闲置组织。如今的商会、社群，有很多处于闲置状态。

一个好的联盟一定是为相同、相似的精准人群做服务的，就像我们在每个城市看到的商业综合体一样，它是基于这个城市有一定品位的人群构建招商逻辑和标准的。所以，一个商业综合体对品牌的选择是有门槛的。不可能楼上是 LV 专卖店，楼下是沙县小吃，这样的综合体是没有价值的。

今天我们做联盟的时候，也要问自己，当我们构建虚拟综合体，关注存量流量的时候，是不是真正做到了物以类聚，人以群分。只有为精准人群提供服务，才能做到真正的有价值的私域流量共享。

做联盟的关键在于如何设计好调性和服务，并找到合适的商家加入联盟，进而实现有效协同。如果联盟里的商家只会互相抢用户、过度消耗用户，那么这样的联盟一定没有未来。

找盟友有三个可供参考的标准：

1. 同群异类。这是指用户群相同、相似，但业务不同的小伙伴们，可以一起众创，一起共生。尽量避免找所谓的机构，他们很大概率会跟我们抢用户的时间，这无异于引狼入室。

2. 高低搭配。任何一个公司，如果做的是低频的产品和服务，那一定要找高频的产品和服务作为补充，这是最基本的要求。如果你做的是高频的产品，你就要找低频产品的客户进行匹配。高频通常代表着低客单价、低毛利，低频通常代表着高客单价、高毛利，只有把二者组合在一起，我们才能够分享用户时间，保障我们的利润。当然，如果匹配一些不赚钱的产品能带来黏性，那也是可以的。

3. 上下协同。上下协同是指上游、中游、下游的价值链协同分享，这样就可以使得彼此互为入口、互为资源，提高系统解决方案的贡献度。

符合这三个标准的盟友构建出来的联盟共生体，能够真正落地，也更有价值，盟友之间更有对彼此的认同感。因为大家都很珍惜这一群共享的存量用户。

当然，有些人并不认同联盟，原因各不相同，有的人是因为被忽悠受过伤，有的人压根儿就不相信，还有的人说没有时间做联盟（他们没有理解联盟有什么用）。联盟最基本的功能是能解决拓客的问题。因为各友商之间的存量流量共享后，转化是很快的。如果联盟做得好，还能解决营销和资源的问题。其实创业最难的就是拓客，而联盟是最有效的拓客手段，但往往被误解成是在帮别人干。

还有的人问，为什么和你做联盟？其实能做联盟的人不多，因为做联盟的前提是必须要学会利他，不是所有人都愿意付出。利他、无我、不争、付出着收获是联盟的核心价值观。

还有人说，联盟没有用。联盟没有用只有一个原因，就是联而不盟，连个盟约都没有，那这个联盟就不安全了。没有共同的价值观，没有彼此的协同和约定，也没有共同的目标，联盟当然就名存实亡了。

同时，我们也要非常清楚，联盟是个新事物。从商业模式去判断一个新事物的形态，一般有三个标准：一是是否致力于推动社会整体能耗降低；二是是否释放商业时代应有的善念；三是创造的增量价值本身有没有解决真实具体的问题。

中国进入了存量经济时代，各个产业、行业该有的都有了，大量的闲置资源充斥在市场中。在此消彼长的产业时代，企业更有效率的行动应该是什么呢？有一个"结构洞理论"，在信息和资源重构方面有很多值得借鉴的地方。

伯特在《结构洞：竞争的社会结构》一书中提出了"结构洞理论"，研究人际网络的结构形态，分析怎样的网络结构能够带给网络行动主体更多的利益或回报。"结构洞"是指社会网络中的空隙，即社会网络中某个或某些个体和有些个体发生直接联系，但与其他个体不发生直接联系，即无直接关系或关系间断，从网络整体看好像网络结构中出现了洞穴。

如果两者之间缺少直接的联系，必须通过第三者才能形成联系，那么行动的第三者就在关系网络中占据了一个结构洞。显然，结构洞是针对第三者而言的。伯特认为，个人在网络中的位置比关系的强弱更为重要，因为个人在网络中的位置决定了个人能够获得的信息、资源与权力。因此，如果存在结构洞，那么将两个没有直接联系的行动者联系起来的第三者，是拥有信息优势和控制优势的，他将获得更多的服务和回报。因此，个人或组织要想在竞争中保持优势，就必须建立广泛的联系，同时占据更多的结构洞，掌握更多信息。

对于存量经济下的产业来说，我们觉得产业联盟就是一个绝好的结构洞，它能够最高效率地匹配资源，实现更有效的灵活用工。产业联盟可以让效率更高（减少损耗）、可以让服务更好（解决方案）、可以让成本更低（存量流量），这些都是产业联盟的价值。

虽然产业联盟能带来很多价值，但我们在实践过程中，往往会习惯性地从自己经营公司的层面理解运营，而忽略了此刻已经不是自己一家公司，而是一群伙伴构建的组织，其中的资源也更加丰富，覆盖诸多领域。

下面我举个例子来说明，对于实体店来说，异业联盟是一种常见的引流方式，即通过不同业态之间的资源整合，共享消费群。通常参与的联盟有以下几种合作方式：

1. 消费优惠。凭一家店的消费小票，到另一家合作门店消费，可享受优惠。

2. 会员卡通用。凭一家店的会员卡在联盟内合作门店消费，也可享受优惠。

3. 推广嫁接。一家店的推广信息不仅在自家的公众号等平台上推送，也可请联盟内其他门店的公众号一起推送。

理想很丰满，现实很残酷，有人对以上方式产生了疑问：所有这些我们都试过，为什么对我们没什么帮助？

从上面的内容可以看出，异业联盟最开始就是为导流而生的，合作方式基本也是数年不变，而消费者早就变了，市场环境也发生了很大变化，同样的套路用起来边际效益当然会递减，直到毫无用处。

现在的市场，增量少，获客不易，获客成本又高，大家当然会把自己的自留地看得紧紧的。单纯从互相导流来说，企业之间已经很难建立合作。那联盟还有什么价值呢？

现在做联盟，应该从赋能的角度去思考这个问题，你能为合作伙伴解决什么问题？你的价值如何体现？

1. 解决流量的问题。导流是最直接的一种方式，但一开始对方并不一定接受。那有没有可能从你的项目中拆分出一个产品，专门帮联盟方引流？比如，无锡家庭消费产业联盟中的爱么百香果，9.9 元一盒，一盒 6 枚，100 盒以上还能定制包装。

2. 解决黏性的问题。除了流量问题，很多商家还面临着用户流失的问题，那有没有可能在你的项目中设计一个产品方案，帮联盟方提高用户黏性？比如某小儿推拿店，给做母婴零售的爱婴岛提供了新的服务和内容，提高了用户到店的频次。

3. 解决盈利的问题。这可不是随便嫁接一个项目，自己说多好多好，能给多少分成，就是帮联盟方增加盈利点了。对于联盟方而言，最好的项目，是在他已有的场景里给他的用户创造一种刚需的价值，或者替换其已有的产品方案。

比如肆拾玖坊，在请客吃饭的场景里创造了饮酒的新体验，替换了非粮食酒。还有，绿塔食品的玉米，跟旅行社或酒店合作，增加在团餐的场景里，大家一吃就爱上了，并直接买走。

所谓“赋能”，得有“能”可“赋”，单纯的流量互导和推广嫁接哪里是赋能？真正的赋能是你得有“能”可“赋”！

肆拾玖坊 2019 年第三季度通过联盟搞定了 2018 年全年的业绩，原因就是肆拾玖坊具有强大的赋能能力，在赋能给很多社群和商会的过程中，既能够搞定引流，还能够保障黏性，更能帮助联盟伙伴增加盈利。最重要的是，这是一份可以持续经营的事业。

当然，肆拾玖坊的产品运营、内容运营、活动运营和用户运营也有自己的独特之处，很好地支撑着一次又一次业绩的爆发性增长。

如今，人们要么自己构建了组织，要么生存于别人的组织。连接人的最有效率的组织是社群，社群已经成为最有效率的运营载体。而联盟正在成为社群的接口、共同体的载体，以及最有效率的一种组织形式。

2020 年是产业联盟元年，一切才刚刚开始。

◆ 打造社群，经营用户关系

运营是当前令无数企业和社群苦恼的事情。运营不同于品宣，运营是既要拿到用户数据，又要拿到业绩数据，这也导致市场上运营人才奇缺。

今天我们谈运营，只要理解一件事情就可以——产品负责生孩子，运营负责养孩子。运营通过每一次让用户惊声尖叫，让自己的产品实现最快效率的转化和迭代。

简单来说，运营往往是从拉新、激活、留存、转化和推荐这些维度去思考的。以前人们常说“生于拉新，死于留存”，真正运营得好的企业、平台和品牌，更容易让用户留存下来。

从用户认知的角度来理解社群运营的结果，就能豁然开朗。

如果你把顾客当作流量，那么你付出的就是资源，要么用钱激励用户，要么用钱娱乐用户，这是最低级的打法。

如果你把顾客当成用户，你就能够感受到用户的感受，这时所有的行为都要围绕用户的体验展开，从而为企业创造出更大的价值。

如果你把顾客当作会员，你就应该知道对会员来说归属感是最重要的，要达到彼此成就，宾至如归的状态。

如果要求再高一点，能够让顾客投资，成为我们的合伙人，这时你就能理解如何实现众创共生，彼此成就了。这时真正支持你、重复消费你的顾客，不仅不用花太多钱，而且基于跟你共同做的这份事业，很有可能成就自己的事业。

对用户认知的高低，决定着最后的结果。

社群运营是一个从经营产品到经营用户，再到经营用户关系的过程。当用户越来越多的时候，只经营用户是不够的。只有学会经营用户关系，让用户之间彼此交互、彼此满足，你才能四两拨千斤。

如果说传统的商业经营是绿车皮火车的话，那么社群运营则是高铁。过去我们常说："要想火车快，全靠车头带。"但是，全靠车头带不但车头很累，而且达到的效果也非常有限，毕竟火车头的马力就那么大。过去的火车跑得慢是有原因的，基础决定了天花板；高铁每小时可以跑 300 多公里，而且很安全。高铁的每一节车厢都有驱动力，同时也有制动力，加上系统化的控制，高铁跑起来，完全颠覆了过去我们对火车的体验。

社群运营犹如高铁运行，因为社群里的各个部落都有自己的驱动力和制动力，并且在共同的社群文化和规则作用下，大家形成了一致性的行为结果，而这些结果又反过来影响社群的文化和规范。

好的社群运营不但运营用户，还运营用户关系。只有用户和用户之间彼此交互、彼此满足，才能助力一个社群生态的形成和落地。

社群运营包括内容运营、活动运营、用户运营，因为每个社群的基因不同，会出现某一种运营为主导的结果，但总体来说社群运营的三个基本法则是通用的：

1. 多势能驱动。嫁接多个不同领域的大咖、大V，通过多维度的内容和背书，实现多势能带来的价值驱动。

2. 高频次连接。通过线上、线下各种活动，实现多种形式的连接和互动。

3. 强价值反哺。激活社群内的资源，尤其是会员和用户的资源和价值，能够给予社群更好的价值反哺。

有价值的社群运营，是基于社群本身的用户价值展开的。没有差异化，甚至连支撑产品都没有的社群运营，无论怎么运营都不可能有好结果。

现在直播很火，但它大概率会像曾经的公众号、小程序、区块链一样，火过之后还得回归商业的本质。直播作为入口拓展连接，而社群运营则是通过运营放大价值，但要保障价值的转化，还得回到产品和项目本身。有了基础的1，才有可能通过社群运营带来后面无数个0。

运营的最高境界就是：自内容、自传播、自修复，最终实现自运营的结果。许多去中心化社群的运营殊途同归，除了文化部分，更重要的就是对用户的尊重和理解。要做到这一点，对用户链路驱动的理解至关重要。

以前研究营销领域的时候，我经常借用AIDMA法则分析消费者的决策路径。营销层面更多谈的是整合营销的概念，整合是为了占据消费者的心智。每一个商业时代都有与之相匹配的概念和理论体系，这些被提炼出来的方法论能够让商业更有效、更稳定地获得价值回报。

但时至今日，太多碎片化的传播路径和层出不穷的媒介载体，让整个商业的投入和产出始终处于不确定的状态中。而对于移动互联网来说，它的本质是受众驱动，当一切外围都不确定的时候，受众本身的驱动就尤为珍贵了。

如果说整合营销是用机械的市场覆盖实现占领消费者心智的目标，那么链路运营则是在驱动消费者的行为和决策点上做布局，从而实现有机的资源和信息重组，以达到最终结果。

对于链路运营来说，需要遵循三个最基本的原则：一是链路不能断裂，二是链路要更加高效，三是链路中的数字化传递要保障信息的安全通畅。

从重要程度来说，链路运营是实现社群自运营的保障，更是赋能的前提。

◆ 赋能落地，聚势谋远

谈赋能落地的原因是它能够提供有竞争力的价值，这个价值不仅是抱团取暖，还能够聚势谋远。

肆拾玖坊在赋能予别人的时候，也会基于别人的发展需求给予大力的支持。任何一个来到肆拾玖坊平台的人，不仅能够借助肆拾玖坊的项目，解决自己的痛点，而且能基于肆拾玖坊的资源成就自己。肆拾玖坊本身的赋能是闭环的，因为其 100 多家新零售分销商，每一个都有了长足的发展。

2020年的疫情，正在倒逼越来越多的人打开过去封闭的状态，接受一些轻创业的项目。

那么，肆拾玖坊是怎样一个轻创业的“复业”项目呢?

第一，有认知。毕竟大家都知道酱香型的粮食酒是好东西，尤其是茅台镇本地出产的，无需教育，一听就懂。

第二，可复制。肆拾玖坊从创业到现在已经5年，从生产到封装，再到传播和推广，都已经非常成熟。

第三，投资少。1万元就可以起步，你不用投资10万元、20万元，这很危险。投资1万元你就可以共享一个年产值十多亿的事业平台，甚至拥有它的经营权和平台资源。

第四，毛利高。酱香型白酒这个品类能够给你一定的价值空间。很多产品也不错，但就是无法创造利润，这就麻烦了。

第五，转化快。如果做个生意半年才能转化，大多数人很难接受，转化的周期非常关键。肆拾玖坊可以做到即时转化。

第六，风险低。酱香型白酒越存越好，越存越贵。在肆拾玖坊的体系中，一般保存时间超过一年的酒，自然增值10%，很多有年份的老酒消费者想买都买不到。所以酱酒这个生意往简单了说是民生生意，往复杂了说是金融生意。在茅台镇，家家户户每年都会拿出一部分钱存上些好酒。

第七，空间大。中国有500多家餐饮门店的经营处于水深火热之中，如能得到赋能，一定是一块非常好的增长地。当然，各类商会、协会及企业家社群也是个大市场。酱香型白酒目前的市场占有率只有5%左右，有巨大的空间待发掘。

在品牌赋能上，肆拾玖坊也来到一个新起点，无论是杨丽萍的个人代言，还是央视、高铁及飞机上的推广，都把肆拾玖坊打造成了百万企业家的共同选择，圈层白酒的第一品牌。肆拾玖坊从圈层品牌到公众品牌，指日可待。

肆拾玖坊从总部到分销商到经销商，到终端的537门店，都有强大的培训体系。该体系秉承联想系统的“入模子”训练的基因，能够让一个刚加入的新人在两天之内系统了解酒文化，提升品鉴酒的能力。

肆拾玖坊在社群化的落地过程中，能够让任何一个加入联盟的机构，既参与了肆拾玖坊的项目经营，又免费学习了社群的文化、运营，然后自然而然地达成一种被赋能的结果。

肆拾玖坊的赋能符合“一带一路”精神，它把已经积累的模型输送到更多的行业、协会和商家。存量经济之下，每一个具备“一带一路”精神的企业，都可以像肆拾玖坊一样开放，通过共商、共建、共享的方式，激活彼此的闲置资源，匹配精准资源，创造竞争资源。

弱者改变自己，强者改变规则。个体创业，资源严重不足，而联盟创业，会有足够的资源。竞争越激烈，联盟就越重要。

2020 年是中国产业联盟的元年，真正卓越的企业家，有悟性的创业者，一定会协同更多的贤士，众创为盟。不存在谁是老大，而是彼此协同共生，创造出更大的商业平台。

有一个小故事和大家分享：中国台湾导演赖声川久负盛名，他的话剧《暗恋桃花源》经久不衰。他虽然富有才华，但也曾经在创作中感到迷茫，很羡慕像金庸那样的奇才，很想知道金庸是如何创作出精彩的小说的。

有一次，赖声川有幸和金庸一起吃饭，一见面就向他提问："那些小说您是怎么写出来的？"问完后赖声川立即感到后悔，因为这样的问题对于谁来说都不好回答。但金庸的回答非常生动，金庸说："我在构筑一部小说前，会用很长的时间去想象小说中的人物，他们的外貌、性格……你只要把这些都想全了，那么它们只要凑在一起自己就会跑，你不用去管……"赖声川顿悟，这一席话成就了他此后的创作。

此后，赖声川在导演戏剧时，并不直接告诉演员"果"是什么，也不规定他怎么做，而是和表演工作坊的同事们一起先确定人物，他们会花几倍于排练本身的时间去做这些确立人物的工作。他说："只要这一步走圆满了，通常结局都会不错。"先与演员共同探讨一场戏的"因"，然后让他自然演到那个"果"，这就是赖声川的导演精髓。

对于创业来说，如果我们把"导因"作为平时的一种训练方式，对一切问题深度追问，对于团队协作也用一样的方式探索，当所有问题在"因"上达成共识的时候，我们相信那个你心中期待的"果"一定会自然地呈现在你眼前。

要让更多的人在存量经济之下用众创模式共商、共建、共享，前提是越来越多的人具备正能量，愿意开放，并且有格局。如果有更多的人愿意彼此互助，那么中国的商业业态将会在大家协同的过程中不断升级。

第九章

肆拾玖坊案例拆解

◈ 重新定义白酒行业

顺势而为的升级

时代发生巨变，用户需求也随之发生改变。

纵观我国改革开放40多年的历程，前20年是从一穷二白起家，到处是待开垦、撒把种子就能长苗的地，所以那时候胆子大的、早起步的、有点关系的就能够冒出头来。那时只要有生产能力、有资本就算厉害，我们称那时为生产为王、资本为王的时代。

之后的20年逐步解决了生产问题，人们开始关注销售，出现了所谓的“通路为王”，具体来说就是门店为王、渠道为王，前者比如国美、苏宁，后者比如联想。之后是流量为王，京东、阿里最为典型，但它们实际上依旧是渠道，也叫消费电商，就是把线下的门店搬到了互联网上。这种模式延续了 20 年，留下了著名的段子——血拼价格、大打广告、广铺渠道——就是比谁狠，打广告可以打成“标王”，血拼价格可以拼成“价格屠夫”，听着就很血腥。

但渐渐地，这些招数不好用了，很多人发现“打广告不行，不打广告也不行；杀价格不行，不杀价格也不行；铺渠道不行，不铺渠道也不行”。到底该怎么办？我们认为，时代已然巨变，正所谓昨天的太阳晒不干今天的衣服，时移世易，所以我们不能固守不变。

在我们看来，所有的行业都值得重新做一遍。因为底层因素变了。一方面，用户需求变了，人们不再是改革开放之初的一穷二白，也不再是后来的极力追求性价比，而是为了美好生活追求消费升级。另一方面，产业竞争变了，资金流、物流、信息流，企业的品牌、产品、组织结构、文化、管理、运营、营销等商业要素全都发生了剧烈变化。同时，产业竞争也从所谓的消费互联网转向产业互联网，竞争格局有了极大变化，商业模式也随之出现了极大变化。

今天，我们从过去的血拼价格、大打广告、广铺渠道转变为用户为王、体验为王、分享为王、众筹为王、社群为王，崭新的商业模式、商业要素在不断涌现。所以，从底层的用户需求，到中间的产业竞争要素，再到商业模式都发生了剧烈变化。我们既不能盼望回到过去，也不能守株待兔、刻舟求剑，只能与时俱进、顺势而为。

正是基于这些认知，2015 年 4 月 28 日，肆拾玖坊创始人张传宗在朋友圈发了一则短信息——“别人临渊羡鱼，我们退而结网，吹别人的牛，不如讲我们自己的故事，我们一起众筹众创，一起大干一场”。消息发出，很快就吸引了各界精英朋友，加上他共 49 人，大家相约大干 49 年。

张传宗出生于 1975 年，2015 年正好 40 岁，他说，大干 49 年才 89 岁，人生还有很多可能。他在遍访各国的时候发现，很多著名的大企业家、名教授、大政治家，到了八九十岁还精神矍铄、非常活跃，于是他决定要活得像他们一样。“相约大干 49 年”，他们要用互联网思维、用新模式围绕着中产家庭、男女老少之所需在吃喝玩乐、衣食住行等方面，颠覆性布局 49 个产业。从 49 个人到 49 年，再到 49 个产业，他们索性将公司命名为肆拾玖坊。

张传宗说，给公司取了肆拾玖坊这个名字之后，发现了很多有意思的巧合。比如，七七四十九是道家“小周天”；北京城也叫“四九城”；他去美国时发现美国著名的创业行动“西部淘金”爆发的年份是1849年，那些淘金者在美国被称为Forty-Niners，他们代表了当时的冒险精神、探索精神、创业精神及不甘于命运、勇于挑战的精神。而在肆拾玖坊这群创业者身上，也从不缺乏这些精神，他们不就是这个时代的Forty-Niners吗？

49个人凑到一起，开始交流做什么。张传宗恰好在2014年国庆节后去了一趟茅台镇。他当时是去贵阳开会，会后想顺便去遵义看一看遵义会议遗址，因为他对历史比较感兴趣。他在去遵义的路上看到一个路标指向茅台镇，便又想去传说中的酒都看一看，于是驱车前往茅台镇。下高速打开车窗交高速费时，他感受到一股浓郁的酒香飘了过来，酒都果然名不虚传。

漫步在店铺林立的酒街上，空气中弥漫着沁人心脾的酒香，张传宗感觉自己豁然开朗：“一下子打通了我喝酒的任督二脉。”他是山东人，山东以好客闻名，山东人喜欢喝酒，酒量好的人也多。但山东酒桌上的规矩很大，人们往往会喝多，所以张传宗从小就不太喜欢喝酒，也比较反感容易喝多的人。工作后，他遇到酒局是能躲就躲、能藏就藏、能少喝点就少喝点儿。但茅台镇给了他全新的感觉，原来酒可以这么香，这么吸引人！

后来，他又到酒厂做了深入了解，发现这是一个上万亿规模的巨大行业，而他原来所在的 IT 行业在中国市场一年只有 2000 多亿元的规模。但是再深入了解，他发现这一行的人日子也不好过，里面有很多问题。他索性进行了很多研究，并创立了肆拾玖坊，想把这个行业“重新做一遍”，对资金流、物流、信息流，还有品牌模式、产品文化，以及运营、营销、组织，都进行了重构。

发自初心的甄选

张传宗从 IT 行业转战白酒行业，大家都说这是降维竞争、跨界打劫。但如何做呢？张传宗带领团队把这个行业“扒开”看了一下，发现很多共通之处。

白酒行业有三个关键的角色：第一个是酿酒的，一般来说是酒厂；第二个是卖酒的，即渠道商；第三个是喝酒的，就是酒友。这三个角色都有非常多的痛点，从商业竞争的角度来看，痛点就是破绽，就是出手的好机会。

首先说酿酒的。那么在酿酒环节有什么破绽？稍加研究就可以发现，老百姓常说“酒是粮食精，越喝越年轻”，其实不然。如今市面上大部分酒不再是粮食精，而是用酒精加水降度，再加各种香精、香料调和而成，根本就是没有粮食。可想而知，这样的“酒”伤肝伤胃又伤身。为什么会这样？因为过去几十年我们国家是从一穷二白开始的，人们对产品品质不太关注，而企业也只会拼价格、拼广告、拼渠道，长此以往造成劣币驱逐良币。用酒精和香精调配的所谓的“酒”，成本不到两元，加上十元的包装，可以标价两三百元，卖到七八百元，所以酒厂能拿出很多钱去打广告、铺渠道。

久而久之，越来越多的人喝坏了身体，但也有越来越多的人明白了其中的“奥秘”。所以，肆拾玖坊直接出招，一方面，提出了鲜明的价值主张——酿酒不在技术在良心，坚持只做纯粮酒。在肆拾玖坊人看来，酿酒是一门几千年的生意，蒸馏白酒也有近千年的历史，技术没有什么秘密，不用把它搞得神神秘秘，重要的是坚持用粮食酿酒，并坚持古法，传承老祖宗的工艺。化学勾兑酒与纯粮食酒，哪个对人身体有益？不言而喻。

另一方面，勾兑酒厂会大打广告，用声量的“大”造成信息不对称，不给大家机会了解这个行业到底是怎么回事。而肆拾玖坊用众筹众创的方法做人格背书，请大家到茅台镇，亲眼看看粮食是如何变成酒的，促进信息对称。

以前的厂商越不想告诉大家，捂着、遮着、掩饰的，新兴的厂商就越是有意识地请客户来，让大家看，打开大门做生意。一方是勾兑酒，另一方是粮食酒；一方说自己有多神奇，另一方说酿酒不在技术在良心；一方用酒精、香精降低成本，一方用新的商业模式提高经营效率，压缩费用和成本保障产品的性价比……如同高手过招，瞬间就往来几个回合。通过上面的解释，大家是不是理解了什么叫值得重新做一遍，什么叫很多东西反着来。

再说卖酒的。今天的渠道商如何卖酒呢？很多人是租个门脸开个小店，多半是夫妻店，哪个品牌出钱就挂哪个品牌的门头，还经常搭售假烟假酒。管渠道商的企业负责人也不容易，我在茅台镇曾经亲眼看到一个上市公司的管渠道商的企业负责人，接待客户就是陪着喝大酒，客户2个人他出动了6个人，喝到凌晨1点后又陪着去K歌，直到凌晨3点。这位企业负责人对肆拾玖坊的模式很感慨："看到你们做酒的方式，我好羡慕。原来我们也是时代的新锐，现在觉得没法比了。"

当然，这也从侧面说明，为什么很多人觉得酒行业是很低端的行业，一听就矮人三分——用酒精、水、香精生产酒，用陪酒、拼酒去卖酒，是无法让人尊敬的。

那么，能不能让这个行业有文化、有层次、有品位呢？其实稍加研究就会知道，酒是早于琴棋书画的艺术形式，最早用来祭祀，之后才轮到王公大臣喝，再后来是文人墨客喝（饮酒赋诗、曲水流觞，一贯是高贵风雅的事情），最后走入家境殷实的百姓家。今天物质极大丰富，大家都喝得起酒了，喝酒却变成了众人眼里庸俗不堪的事情。

为此，肆拾玖坊立下目标：让喝酒重新与文化挂钩，同时通过普及教育让大家认识到什么是粮食酒，什么是勾兑酒，选酒不要只看品牌，而要学会看品质、分辨优劣，买实实在在的好东西。肆拾玖坊认为"上赶着的不是买卖"，所以不求人买酒喝酒，更不做下三烂的事情。最好的做法是，一帮兄弟一起开一家店，有产品展示，有桌餐，让大家在这里社交、分享、体验，同时在社群里传播，开开心心地打造理想家园。这就是新型的卖酒模式，是不是颠覆性的？

最后说喝酒的。通过研究，张传宗发现两个问题：一是喝糊涂酒，大部分老百姓不知道怎么判断酒的优劣，就只好选经常上央视的大品牌，或经常打广告的知名品牌，觉得这样才有面子；二是“贵酒”敬贵客，来了重要的朋友，那就得买价格高的酒，用高价表达诚心，而不是酒本身有多好。另外，很多人的喝法也是反人性的，就是乱喝酒、喝大酒，什么“感情深，一口闷”。

所以，肆拾玖坊的做法是正本清源，先阐明酒的主要成分是酸、酯、醇、醛、酮，酒的主体味道有甜、酸、辣、苦、涩，酒的口感分圆、大、厚、勾、长，酒的礼仪则倡导和、敬、勇、雅、谦。接下来深度解读：古人说的当好时、处好地、与好人、饮好酒，都是很美好的东西，能不能把这些东西找回来？中国白酒的器具、礼仪传承了几千年，在漫长的岁月中不知不觉断代了。

张传宗经常与人分享他的感受，他的老家山东算是酒文化深厚、喝酒最讲规矩的地方，但也有让人不敢恭维之处。比如 10 个人一桌，6 个客人，4 个陪客，陪客分主陪、副陪、三陪、四陪，这四位落座，每个人先给客人和自己各倒满一大杯，差不多二两半或三两，然后“主陪带三杯”，三口把这一大杯喝完，一口一两；接着副陪带三杯，又一口一两，转眼半斤多喝下去了；最后三陪、四陪再一带，很多人就溜到桌子底下去了。为此他很愤懑，所谓的“酒文化、酒规矩”，如果指的只是喝、使劲喝、往死里喝，能称之为文化吗？这规矩对吗？每个人的酒量是不同的，却强行要求你一杯我一杯，否则就被认为不重视对方、看不起对方、酒品不行，这完全是强盗逻辑。

因此，肆拾玖坊反其道而行之，倡导喝酒“同饮不同量”，开心就好。他认为饮酒有熏、酣、醉三种状态，熏熏然、陶陶然特别好，酣畅淋漓、千杯不醉非常棒，坚决反对以个人，尤其是主人以酒量、权势、生意逼迫他人过度饮酒。

在很长一段时间里，中国人喝酒往往处于“糊涂”的状态——喝品牌、喝面子、喝价格。而在肆拾玖坊看来，从酿酒、卖酒、喝酒三个角度拆解开，至少有十个要素需要颠覆，这就是用互联网思维把传统行业重新做一遍。

张传宗甚至提出：每个行业都值得重新做一遍。你是等着别人来把你所处的行业重新做一遍，还是自己主动顺势而为、与时俱进、自我革命，把自己的行业重新做一遍呢？答案不言自明。

正是因为肆拾玖坊对酒行业的重新理解、定义和颠覆，很多酗酒的人开始好好喝酒，不再强迫别人喝酒，也不再自己喝大酒；很多不知道酒是什么滋味、怕酒的人爱上了酒；很多原来喝化学酒喝坏了身体，告别酒坛的人，重新回来好好喝酒。肆拾玖坊让很多人重新认识了什么是酒、什么是酱香型酒、什么是化学勾兑酒，以及什么是酒理、酒道、酒文化。“重做”一个行业，不正是应该做这些事情吗?

文化体验的注入

肆拾玖坊最早的49人在找到这款酒后，开始思考应该怎么做。某天在长安街边的一个宾馆，张传宗与三四个核心骨干商量到底该怎么做。大家的共识是学习小米的粉丝经济，于是他们开始思考：所谓中年中产人士，曾经粉过什么？如何针对这个群体做粉丝经济？他们聊到很晚，仍不得其法。第二天一早，49人之一、肆拾玖坊现在的总设计师朱亚民很兴奋地把大家叫醒，说他想到了一个特别好的主意，能够把规模做到100个亿!

朱亚民说的就是武侠。60后、70后读武侠小说，80后玩武侠网游，这三代人是肆拾玖坊最主要的目标人群。

他们被武侠灌注了相似的梦想——千古文人侠客梦，但当他们怀揣着梦想走入现实社会，却慢慢被磨掉了棱角和激情。人到中年再创业，当然希望能够找回梦想，点燃激情，所谓“天下英雄出我辈，一入江湖岁月催，宏图霸业谈笑间，不胜人生一场醉”。这种情感很容易让目标人群产生共鸣，因为大家心中都有一个武侠梦，提起小龙女、杨过、李寻欢、楚留香、练霓裳、张丹枫、萧秋水、铁手，所有人都心领神会。

在营销理论中，有个概念叫“创新不如创旧”，值得企业界的朋友借鉴。尤其是今天的中国，有着5000年的文化积淀，而且民族自信处于高点，我们不需要往用户的脑子里塞东西，只需要和他们现有的东西产生连接，即可爆发出极大的能量，武侠即是如此。肆拾玖坊的武侠创意果然一炮而红，大家纷纷感叹肆拾玖坊把梦想中的武侠世界搬进了现实生活。其酒的命名充满武侠范儿——侠客酒、宗师酒，很容易把人带入武侠的情境。另外，有一款高端酒为强调匠心，叫匠香传奇。后来，张传宗连自我介绍都做了更新，原来他说“我叫张传宗，传宗接代的传宗”，后来则改为“匠香传奇的传，一代宗师的宗”，这就是文化加持的力量。

肆拾玖坊还推出了4.9斤装的坛装酒，称为“令狐冲”，49斤装的叫“李寻欢”，1000斤装的叫“独孤求败”。这些名称赋予了产品神韵，起到了画龙点睛的作用。后来他们又做了茶叶，明前龙井称为“小龙女”，福建白茶叫“西门吹雪”，来自云南的金针滇红叫“嫣誉”——王语嫣和段誉的合称。他们都有江湖花名，比如张传宗叫“少林扫地僧”，董事长刘军叫“逍遥子”。他们还有侠客语录，张传宗的语录是“侠义新世界，互联醉生活”，很好地描述了他从IT行业转型传统行业的经历。他们一共征集了上千句侠客语录，这是一个很有意思的文化玩法。

与此对应，每瓶酒的酒标都有武侠元素，是邀请每一位朋友进入侠义世界、理想家园的“英雄帖”或通行证。在此基础之上，肆拾玖坊把它进一步拓展到侠、义、信——有逍遥快乐、大口吃肉、大碗喝酒的大侠，更有义不容辞、义薄云天、有责任有担当的风骨，同时重信然诺、一诺千金、唯信任不可辜负，三者合一，才是真正的大侠风范。

究其根本，侠之大者、信义为先，肆拾玖坊能够成功的要点在于重构了人与人之间的信任，降低了信任成本，这使得他们的产品、组织、成员有了共同的精神指向。这背后的理念就叫创新不如创旧。

重构信任的一次鲜活试验

2015 年 4 月 28 日，张传宗发起众筹倡议，聚起了 49 个人；6 月 18 日，肆拾玖坊完成公司注册；7 月 4 日，49 人相聚贵阳，召开创始股东大会，这次会议也被称为精神结盟大会——就是以侠、义、信为核心的精神互联。

这次大会被肆拾玖坊人称为新时代的网友见面会——一帮 40 岁左右的男人，中间点缀着几个“女侠”，大家一见面就热情拥抱，好像多年不见的老朋友，其实很多人是第一次见面。大会开得热闹非凡，因为大家告别了以往压力重重的压货模式，一下子拨云见日。

会议结束后，张传宗生出一个感慨：哪怕这个公司立马结束都值了，因为交到了一帮好朋友。很多人都清晰地记得，有两个来自东莞的股东，一个人背了 75 斤荔枝，一个人背了 50 斤腊肠；有一个来自天津的女股东，给每个人带了两根天津大麻花；有一个来自北京的股东，给每个人带了两个咸鸭蛋，这不是普通的鸭蛋，是他的有机农场里用有机玉米喂大的野生鸭子下的蛋；有一个来自山东潍坊的股东给每人带来一个工艺品风筝；有一个来自太原的股东给每人带了一个“小靠山”……

没有人下任务，没有人提要求，大家就像农村走亲戚一样带着自己的土特产就来了，至今让人难以忘怀。张传宗后来的侠客语录“侠义新世界、互联醉生活”就是当时他报告的主题，他形容“这就是从我的脑子里飞出来的词”，所以他坚定了要用侠、义、信打造一个充满温度、信任的新世界，用互联思维、互联精神、互联技能打造极致新生活的信念。

欢聚之后大家都说：“既然这么开心，这么好，我们能不能再复制一遍？”于是49人相约回到自己的城市、家乡，把众筹的故事再复制一遍。这49人创办的公司就定为总部，坐落在北京的回龙观；然后49个人再分别去众筹众创，速度也是意想不到的快——2015年8月到9月，山西、陕西、北京、山东、江苏等省的分销商公司纷纷创办起来，一时间形势喜人，捷报频传。

随后，肆拾玖坊酒进入了事业化阶段，并立下了一个三年时间成立100家新零售分销商的小目标。最后目标如期实现了。这三年时间，张传宗把它定义为公司的第一个发展阶段，叫“潜龙在渊”，因为大家都是找身边的亲朋好友，默默打磨产品模式和文化，逐步找到产品自信、模式自信、文化自信。在这个阶段，肆拾玖坊倡导大家用碎片化时间赚“碎银子”，为情怀出发，这是企业的1.0阶段。

回顾这个阶段，张传宗觉得这对于企业界的朋友和创业阶段的朋友而言也是有启发的，肆拾玖坊当初从轻资产出发，是符合时代特征的。过去的40年是增量经济时代，从无到有，可以说“撒把种子就长苗”，所以扩张厂房、增加设备、多建门店都是非常有效的手段。而当下是存量经济时代。早在20世纪90年代，海尔创始人张瑞敏就说，这是一个快鱼吃慢鱼，慢鱼吃休克鱼的时代。发展到现在，慢鱼和休克鱼更是到处都是，所以要把重点放在如何激活闲置资源，如何进行变革创新，如何从有到优把各类商业要素重组使其脱颖而出方面。

随后，肆拾玖坊进入2.0阶段，张传宗和他的团队认为公司的根基已经撒了一层土并夯实了，可以准备奔跑了，所以提出可以把肆拾玖坊当作一辈子的事业去做，全力以赴，不再是用碎片化时间赚“碎银子”。他号召各位合伙人更加深耕事业和加大投入，计划用3年时间在全国布局 2000 个新零售经销商专卖店。

与此同时，肆拾玖坊开始投放广告，在央视、高铁、飞机、航空杂志，甚至美国的时代广场都做了广告，并且形成了二次传播——因为肆拾玖坊在 5 年时间里积累了上万个社群，一个广告可以在不同的社群里一再传播，效果非常好。今天的广告已经不只是广告，同时可以作为内容，比如肆拾玖坊在央视做广告，从某种角度看，等于联合央视创作了一个内容，可以依托这个内容去挖掘商业价值，做二次传播，与原来一次性拿几亿元去争央视标王的玩法大为不同。这是肆拾玖坊的 2.0 时代，被称为“见龙在田”。

肆拾玖坊实践了一条与众不同的商业路径，1.0 时代，在 100 多家新零售分销商中汇集了 10000 名合伙人，这其中即便只有 10% ~ 20% 的人愿意开店，也马上可以开出一大批店来。这种孵化——从轻资产到相对重资产事业化，有着非常巧妙的设计。

预计到 2021 年下半年，肆拾玖坊会进入 3.0 时代，被称作“飞龙在天”，按计划那时在全国应已布局 2000 个门店，会有相对密集的广告、媒体宣传，以及大量市场活动的投放。到那时，地面部队已经布局得比较到位了，加上门店运营，再加上广告的空中支援，一套完整的系统将建立起来。

以前是先打广告，做知名度；再拼性价比，做美誉度；最后拼服务，做忠诚度。而肆拾玖坊的三个阶段恰好相反——1.0 阶段是先做忠诚度，找一帮铁哥们一起干；2.0 阶段做美誉度，上千家店口碑传播；到 3.0 阶段才开始做知名度，大打广告。所以同样是广告，跟原来打法完全不一样了。原来要几亿元，今天可能几百万元就能取得更好的效果；以前是广告先开路，现在是广告在后面，空中轰炸为先头陆军做掩护。这都是颠覆式创新，是新事物与老事物的区别。

◈ 开创“坊式”商业模式

始于众筹

创业之前，张传宗是一位资深的职业经理人，对各类企业进行过很多研究，所以他在创业之初就吸取了很多优秀公司的经验。比如，借鉴了华为的全员持股，借鉴了 oppo、vivo 的厂商一体化，借鉴了联想的渠道架构，借鉴了小米的粉丝经济，开创了“坊式”商业模式。

肆拾玖坊创立第一年，其商业模式就成为MBA百强案例，走进了教科书；第二年就进入权威投融资机构“融资中国”评出的“最具投资价值企业”十强，与小米、大疆无人机、优客工场这样的著名品牌并列；第三年进入“美好生活新物种”十强，与一些新锐品牌并列；第四年成为众筹领域领军品牌和新消费领域领军品牌……获得这么高的评价，肆拾玖坊一定做对了什么。张传宗认为最重要的一点就是顺势而为。

此外，肆拾玖坊还得到了六大培训机构的高度认可，它们都是在研究肆拾玖坊的案例之后，先后成为了肆拾玖坊的新零售分销商。比如华人管理培训第一人余世维老师，因为研究肆拾玖坊的案例而成为肆拾玖坊首席文化官、品牌大使，并且躬身入局并成为肆拾玖坊的重要合伙人。格局商学，国内最大的用大屏直播模式做培训的机构，在全国拥有400多个分院，他们也在讲述肆拾玖坊的案例，并跟肆拾玖坊联合创办了格局肆玖联盟体系。初心会，以研究反传统众创出名，为大量创业企业提供咨询、培训、孵化，其创始人王挺同样在研究肆拾玖坊的商业模式后，开始讲肆拾玖坊的众筹众创社群经济新零售，并躬身入局成为了新零售分销商。来自深圳的研究指数级增长的彰力老师，他将肆拾玖坊作为指数级增长的案例讲了两年，之后与张传宗邂逅，一拍即合，也成为了新零售分销商。专注研究传统文化、致力于复兴传统文化的华学、恩学，做了 8 年的公益传统文化培训，他们的第一个商业项目就是与肆拾玖坊合作的。

越来越多的有识之士在讲述肆拾玖坊的案例，他们到底讲的是什么？肆拾玖坊商业模式的内核又是什么？张传宗把它总结为：起于众筹、成于众创、兴于联盟、达于裂变，以及社群经济和新零售体系。

关于众筹众创、联盟裂变的说法有很多，肆拾玖坊的众筹与之前市场上流行的案例有什么不同呢？市场上比较典型的一类众筹是咖啡厅众筹。一帮同学或校友联合创办一个咖啡厅，每人交三五万元的股金，换来的是三五万元的咖啡券，以保障咖啡厅三五年不倒。一般来说，这类众筹的股东中都会有一个著名的校友，很多人参与就是为了与该校友一起成为股东，目的是社交，没有人指望咖啡厅赚钱，也没有人指望能把三五万元咖啡券用完。我们把这类众筹称之为社交众筹。

还有像来自美国的 Kickstarter 那样的国外众筹网站，它们在京东、天猫上都有众筹平台，给企业做产品众筹。

这种众筹可以理解成是一种产品促销，或者是高科技新锐产品的预售、尝鲜。用户的收获就是尝鲜，以及相对的价格优惠。我们把它称为产品众筹。

当然还有债权众筹、公益众筹等。在 2020 年疫情期间，肆拾玖坊人也发起一次公益众筹。大年初一肆拾玖坊总部拿出 100 万元做捐助，同时发动全国 108 个新零售分销商一起参与，很快全国的新零售分销商也捐助了上百万元，两笔钱合起来购买了很多医疗物资，捐赠给了近 50 家医院。这可以理解成是一种公益众筹。

那么肆拾玖坊的众筹核心是什么呢？是众创。肆拾玖坊的众筹不仅筹人，更筹智，调动起人的主观能动性，才具备生生不息的活力。除了物质权益之外，股东还拥有能够带来深度认知盈余的免费商学院的学习，互助的、有情感有温度的免费企业家俱乐部社交，以及能够对接生意的新生意平台。入股只需要 1 万元到 2 万元，即可得到一系列物质权益和溢出价值，是非常超值的。原来做生意的人想的是如何占别人便宜，而互联时代做生意重要的是利他，要做得更好，超越别人的期望，才会有口碑，才会“远者来，近者悦”。

为了由量变到质变，肆拾玖坊又推出了连锁众筹的概念。肆拾玖坊目前分布在全国的1000多家新零售经销商专卖店相当于1000多家连锁店，它们统一在肆拾玖坊的精神和品牌之下，未来数量还会持续增长。这被称为连锁众筹。这些专卖店是肆拾玖坊品牌传播的“地面部队”，既可维护现有成员，又可带来新的流量。由量变到质变，这就是连锁众筹的力量。

除此之外，肆拾玖坊还提出了产业众筹。用轻资产的玩法去做产业互联网，去一流原产地，找一流供应商，拿到一手的价格，合作稳定之后对供应商进行股权改造，让它成为大家的酒厂、茶厂、米厂、油厂，这叫产业众筹。这样可以告别原来的重资产投资，变为带着一大帮人去激活这些沉没资产，同时又为厂商赋能，让它安心做高标准的好产品。用品牌、文化、模式、通路来为工厂赋能，这是产业众筹。

以上几种众筹方式合起来称为坊式众筹。可以看出，股权众筹、连锁众筹和产业众筹是肆拾玖坊的基石。众筹最简单的解释是“凑份子”，但大部分人不得法，所以众筹从筹集的“筹”变成了惆怅的“惆”，甚至变成了仇人的“仇”，令人遗憾。现在很多人在学习和模仿肆拾玖坊的众筹，但并没有学到精髓，因为没有学到内功密码——就像有人只学了少林寺的七十二绝技，但没有学习易筋经。那么，肆拾玖坊的易筋经是什么？内功心法是什么？答案是众创，张传宗特别强调“起于众筹，成于众创”。

成于众创的保障

众创的核心是什么？一是打磨产品，让它的品质足够好；二是跟用户深度沟通，让大家发自内心的认可、信任你；三是让产品具备高性价比，并配以便利的购买方式。这样一来，众筹合伙人首先成为你的铁杆消费者，在此基础上再去打造好品牌和平台，让它令人骄傲、令人向往。作为铁杆消费者的合伙人自然愿意为产品做人格背书，愿意在自己的朋友圈里宣传。

比如，肆拾玖坊的股东可以很骄傲地说，“我跟余世维老师是合伙人”“杨丽萍老师是我们的代言人”等。肆拾玖坊里有很多股东、合伙人是传说中的大老板，他们做人格背书式的代言推广是非常有力度的，有句侠客语录叫“我爱肆拾玖坊，我为肆拾玖坊代言”就是这个意思。

大家成为合伙人、铁杆消费者、人格背书式的代言人之后，肆拾玖坊提供了很多便利，方便大家把身边的闲人、闲铺、闲钱等闲置资源一起拿来投入事业。这样既能激活闲置资源，还能产生源源不断的收益。在肆拾玖坊模式下，人与人连接之后还能够亲上加亲——很多同学会变成了一起共修的商业实践课，原来的同学变成了合伙人。可以看出，肆拾玖坊式的众创动力源源不绝。

举个例子，我们的朋友中有人可能很早就买了个商铺，但没有租出去，一直闲着，如果拿来开肆拾玖坊537店就把这个商铺激活了。肆拾玖坊的股东中有一位服装店老板，他在全国有20个直营店，200个加盟店，一年能做一亿元的服装生意。但2020年服装行业生意不好做，他就主动找上门来，要求开4个肆拾玖坊专卖店。他准备把几间大的服装店切割出一半来，做肆拾玖坊的门店。他要用新生意、新模式盘活现有资产，同时激活团队、整合人脉，把服装行业的上下游变成酒行业的合伙人，大家更好地做朋友。这就是众创。

兴于联盟的拓展

众创和联盟的区别是什么？打个比方，在我们熟悉的三国故事里，刘备通过三顾茅庐找到了诸葛亮，通过各种机缘找到了关羽、张飞、赵云、黄忠及马超，建立了五虎上将团队，这是一帮兄弟众筹、众创，携手打天下。但是为了抗击曹操，刘备联合了孙权，这是两大平台、两大组织之间的合作，这是联盟。

联盟有多种使命任务，也有多种方式。肆拾玖坊践行的主要有以下几种类型：

第一种是商户联盟。即把门店周边的左邻右舍——修车店的、洗车店的、服装店的、干洗店的、理发店的、按摩店的老板聚集起来，让他们在肆拾玖坊专卖店里入一股。一个专卖店需要投资几十万元，找几十个老板，每个老板 1 万元就可以搞一个众创的门店。而这些老板用 1 万元就得到了一间可以做社交和招待的会所，得到了一个可以经营的门店，得到了可以互相导流的几十个合伙人，还得到了一系列的好东西，既可以解决自己的生活需求，还可以在门店卖。这样等于把周边的商户联合成了一个协会，而且大家交的一两万元股金是一次性缴纳终生有价值，持续有分红，它不是会费，比传统的商会、协会要高级很多。

第二种是行业联盟。肆拾玖坊的花生油是一个很典型的案例，这款冷榨花生油来自青岛莱西的冷榨花生油开创者，也是国内最大的冷榨花生油工厂。老板曲永军是资深的商业老手，与肆拾玖坊建立合作后发现这个新模式很好，就干脆也成为了新零售分销商，把他花生油产业上下游的朋友都连接了起来，尤其是把渠道商也联合了起来，大家在卖油的同时也可以卖酒、卖米，这也为他的渠道商赋能了更多的赚钱机会和新的商业模式。这是同行与上下游的联盟。

第三种是异业联盟。这个词似乎不新鲜，但很多人用得并不得法。肆拾玖坊在此强调的不是“非同行”，而是有共同的目标群。比如，肆拾玖坊跟六大培训公司建立了合作，他们的共同点是都偏总裁班的培训——各行各业的老板来接受培训——这一人群恰恰是肆拾玖坊的重要目标群体。所以，必须基于异业但具有共同目标来建立联盟，这是打造联盟的核心。

所谓联盟，就是大家要互为资源、共建生态，你是我的生态的组成部分，我是你的生态的组成部分。就像初心会创始人王挺经常讲的：“你的就是我的，我的就是你的，最终你的还是你的，我的还是我的，大家相互赋能，而不是相互侵占。”

达于裂变的疯传

肆拾玖坊的裂变，我们称之为孵化裂变。某股东开了一个门店很好，一群合伙人一起干，其中有一个合伙人见势头不错想自己再开一个门店独立出去，这就叫裂变。肆拾玖坊的客户买了酒极少一个人喝，都是和朋友一起喝，在喝的过程之中就会有分享——肆拾玖坊的粮食酒的鉴别法、拉酒线醒酒法、赏酒、鉴酒，还有行酒令、敬酒的仪式等，都很引人注目，自然会产生传播，这就是用户裂变。此外，还有社交裂变，通过酒占领酒桌，通过茶占领茶桌，通过米面粮油占领饭桌，深度切入各类社交场景，达成裂变。

社群社交是肆拾玖坊商业模式的一个关键点。经过 5 年的积累，肆拾玖坊在全国建立了 1 万多个活跃的、有黏性的微信社群。微信社群主要有三大功能：

第一，肆拾玖坊社群是给大家带来认知盈余，而且是可落地的认知盈余的免费商学院。创始人张传宗非常有自信他们可以超越绝大部分专业的商学院，因为很多商学院教的东西要么已经过时，要么新东西对学员来说犹如隔山打牛，很难应用于实际。而肆拾玖坊社群里的认知都是可以直接落地的，直接帮助你做生意，能让你在实操过程中学到很多东西。学员甚至可以拿学到的知识去改造自己的公司，比如怎么众筹、众创、众包、众智、联盟、裂变、玩生态、搞社区，边学边干，学以致用。这是一种学员可以亲耳听到、亲眼见到，并亲自实践的模式。

第二，肆拾玖坊社群是一个免费的、能够友好互动的、人员有层次有温度且能互助的企业家俱乐部。我们经常听人说“我认识谁谁”，但重要的其实是反过来——谁认识你？如果你认识的所谓“贵人”，他们并不认识你，有用吗？或者只是认识而不能互助，有用吗？肆拾玖坊打造的是一个能够互助的真实组织。5 年来，在肆拾玖坊社群里发生了无数十分感人的江湖救急的故事，小到相距 100 公里开着奔驰、宝马、保时捷送两箱酒，大到老人看病、孩子上学、子女就业，都可以在社群里找到解决方案。

举例来说，曾经有一个西安的股东，他的孩子是早产儿，刚出生时体重只有 1.025 千克。孩子这么小必然要注射各种必需的营养液。但由于孩子太小血管太细，当地没有这么小的针头。于是，肆拾玖坊社群立刻行动起来，全国各大城市的社群成员都行动起来，在全球范围内寻找资源，且当天就在香港找到了特别细的针头，并立刻送到西安，第二天就给孩子用上了，孩子得救了。到目前为止，这个孩子是中国存活下来的最小的孩子之一。所以说，肆拾玖坊社群是一个能够真正互助的企业家俱乐部，超越了很多商会、协会。

第三，肆拾玖坊社群还是一个免费的新生意平台。有一个典型案例：甘肃有一个股东，因为支持同学创业——同学原本是朋友圈里的明星、著名的创业家——把自己的房子抵押借钱给同学。结果没多久同学破产了，他一夜回到解放前，什么都没有了。银行上门逼债，要求他把房子卖掉；合伙人把他赶出公司，他的人生可以说到了至暗时刻。这时，肆拾玖坊的大侠们伸出了援手，帮助他凑齐了欠银行的钱，又支持他成为了新零售分销商，使他的事业重新起步，慢慢回到正轨。现在，他有了一个漂亮的女儿，叫小四九，他的新车的车牌号尾数也是49。他说，肆拾玖坊给了他新生。此外，社群里对接过港珠澳大桥上亿元的沙石生意，在云南做鲜花生意的股东在上海接到上千万元的生意……这样的事情每天都在发生。

在此基础上，肆拾玖坊社群从线上推进到线下。肆拾玖坊在全国有上千个会所和上千个专卖店——带着肆玖家宴的专卖店，股东们在里面分享交流，品鉴家宴。肆拾玖坊倡导的家宴文化是“油、盐、酱、醋、肉、蛋、菜，无一处无出处”；倡导的酒桌文化是“解放百万酒友，不要上酒场如上战场和刑场，不拼酒，同饮不同量，开心就好”；倡导的饭局文化是分享、交流、社交，幸福亿万户家庭。

在这样的文化之下，肆拾玖坊首先提出“请进来”社交，请大家到肆拾玖坊的酒馆，扎扎实实地做朋友。中国人相信熟人好办事，所以喜欢混圈子、泡圈子，但很多时候酒桌不是让人做社交的，而只是某些人显示自己的权力、酒量、生意、权威的地方，肆拾玖坊试图去解决这些问题。在肆拾玖坊的酒桌上，提倡的是大家平等的、分享式的交流，建议所有人手机静音，安静倾听、轮流发言，主人带杯酒讲 10 分钟，主宾带杯酒讲 10 分钟，其他宾客轮流讲 5 分钟左右，不喝酒的以水代酒也没有问题。这是在线下“请进来”的社交。

其次是“走出去”社交，走到茅台镇。过去一年中，肆拾玖坊大约请 1 万名各行各业的朋友去了茅台镇，让大家在周末“吃着火锅唱着歌”，在风光旖旎的中国第一酒镇观光。呼吸着空气中沁人心脾的酒香，几百个大侠一起行酒令、喝美酒，这是一次美酒之旅；走进肆拾玖坊了解新锐的商业模式，这是一场生动的游学；走进酒厂，看粮食如何变成酒，这是一种产业观光。两三天的行程被大家形象地称为“酱香之旅”。

此外，肆拾玖坊的合伙人还可以去往中国各地——大师所在的茶山、山东的冷榨花生油厂、东北五常的有机鲜米基地、内蒙古的沙漠有机酒庄、台湾的乐氏同仁根据地等。在这个过程中，大家互相了解，建立信任，深度社交。这就是线上、线下互动的社群社交。

肆玖新零售的崛起

在这个巨变的时代，到处都缺流量。传统门店的生意明显下滑，经常是销售员比顾客多；而线上的流量也不够了，很多老板抱怨：投 100 万元搞一次促销，不要说挣回 100 万元的利润，经常连 100 万元的营业额都达不到。于是，电商大佬们发明了一个词叫 O2O，到线下来抢流量，依然抢不着，又用 OMO 抢，似乎还是不行，最后发明了一个词叫“新零售”，还是抢流量。

张传宗发现，越来越多的人在说新零售，但认真交流起来，其实他们根本没搞懂什么是新零售。

今天，我们的企业面临时代巨变，张传宗认为，只有老板、公司的骨干成长为新军、新人类，才能够打造出新物种和新零售。那么，新军、新人类的内涵是什么？

第一，新军、新人类得有新精神，主要是互联精神的开放、连接、扁平、人本、尊重，以及传统文化中的仁、义、礼、智、信。把这些文化融会贯通，提炼出鲜明的价值主张，比如只做好东西，只做好模式，只做好文化，只做好人，在这个层面上迭代，而不是唯利是图、劣币驱逐良币，不是透支水、土、空气等自然资源，透支人跟人之间的信任，透支自己的身体健康和品牌信誉。

第二，新军、新人类得有新思维，核心就是以用户为中心的思维。基于这个认知，真正落地就是为用户提供质优价实的好产品，让用户可以轻松买到，而且促进信息对称，让用户真正懂得怎么选择；给用户让渡产品经营权，让用户可以做人格背书、做代言，可以来经营；给用户让渡一定的资本权，让用户成为合伙人，可以拿到分红，这是和用户交朋友的真正落地。

第三，新军、新人类得有新技能。比如，肆拾玖坊提出“人人做网红，江湖任我行”，让大家学会做网红进行分享赋能，学会做群主搞活社群，学会直播带货等新技能。

这是新军、新人类三个层面的内涵——新文化精神、新思维和新技能，在这个基础上我们再来谈对新零售的理解。

比如肆拾玖坊的537专卖店，这个店是有颜值、有品位的，店里的产品是解决了安全、健康、品质、颜值、用户体验五维升级的系列好产品。537专卖店的面积100～200平方米，设有一桌现成的家宴，所用的油、盐、酱、醋、肉、蛋、菜、酒、米、茶，无一处无出处，号称“肆拾玖坊家宴，胜过五星级酒店”。一个门店有几十个合伙人——如果一个门店有30个合伙人，每个月每人轮流使用一次包间，使用效率就很高，而合伙人也以很低的代价得到了一间会所。传统的会所一年至少要烧掉几十万元，而这个会所每年还可以分红。

这样一来，经营者不再是等风来的猪，而是带动流量的风口使者。这就导致很多“自来水”出现——很多肆拾玖坊的合伙人和铁杆粉丝会自动在私家车后备厢放几箱酒，这就是移动的专卖店；车上贴着侠客语录“侠义新世界，互联醉生活”“陪人生贵人，品肆拾玖坊”等，车就变成了移动的广告。

肆拾玖坊还帮助传统经营者打通了线上和线下的通道。现在大家已经离不开微信，通过它实现几百上千人的深度连接，对经营者而言已是很常见了。肆拾玖坊鼓励新零售经销商专卖店的合伙人用微信去连接门店周边。比如在小超市、小商铺、餐厅的包间、会所、老板办公室等摆上肆拾玖坊系列产品，专卖店周边就多出来几十个网点，这才是顺势而为的新零售。

所以，张传宗一再强调：先做新军、新人类，再成就新零售、新物种。新零售要由新军、新人类创新而来，有体验、有社交、有情感和温度，然后才有合伙，更重要的是人加店，而且大量利用既有资源产生增量，对经营者来说负担并不大。

“肆拾玖坊树”生态布局

接下来讲一下肆拾玖坊的生态布局。肆拾玖坊在创业之初就提出围绕中产家庭的男女老少吃喝玩乐、衣食住行之所需，只用新模式，只做好东西，布局 49 个产业，做49样好东西。肆拾玖坊希望打造一个理想家园，猪是自己养的，菜是自己种的，酒是自己酿的，未来还会有自己的养老院、医疗机构、教育机构，乃至自己的投资机构等。

目前除了最初的酱香白酒外，肆拾玖坊还布局了七大产业，那么其布局的原则是什么？

在有认知的原产地，找有匠心的供应商，选一流的品质，出一手的价格。

比如做米，“最好的米在五常”是全国人民的共识，那么就去五常；再找有匠心的供应商，选中了稻花香；又在稻花香诸多产品中选了品质一流的用哈尔滨饮用水灌溉的在黑土地上生长的稻花香2号。北方水稻是一季稻，每年国庆节前后收割，收割完后直接存入冷库，然后在每个月9号现磨鲜米，10号包装，11号快递，15号左右到达全国各地。这样的米被称为有机鲜米，真五常、真有机、真新鲜。肆拾玖坊做了米卡——这在营销理念里是把实物虚化，既可以自用，也可以送给亲友，一张米卡的价值大约等于一瓶茅台酒，但它可以带来一年12次的问候，因为每月配送一次。这样的米一年365天陪伴朋友和家人，让他们端起饭碗、拿起筷子，就能想起送米的人。

肆拾玖坊的花生油也是一个非常典型的案例。市面上的花生油多半是热榨工艺，在 120 摄氏度下压榨，等于油已经熟了一遍。在这个过程中，油中的不饱和脂肪酸转化成了饱和脂肪酸，进入人体血管后容易造成挂壁。油的品质好坏，其中一个重要指标就是不饱和脂肪酸含量的高低。而冷榨花生油是在 60 摄氏度左右压榨，不会破坏不饱和脂肪酸，甚至能保持新鲜花生的味道。肆拾玖坊冷榨花生油不仅筛选优质花生，还采用了去红衣工艺——黄曲霉毒素主要存在于红衣和霉变花生，这样就从源头上杜绝了毒素的进入。另外，热榨和冷榨烟点也有很大差异，热榨花生油大概 160 摄氏度就会起油烟，而冷榨花生油要 220 摄氏度以上才会起油烟，跟高品质橄榄油差不多，非常健康，但它的价格比橄榄油便宜得多，跟热榨花生油差异不大。

每一种选品，肆拾玖坊都会去找这个行业的痛点。比如，五常米有真假之分、有机和普通之分、鲜米和过期米之分，花生油有冷榨和热榨之分，白酒有勾兑酒和粮食酒之分。肆拾玖坊一边解决痛点，一边还带来“爽点”，让它好玩。创业之初肆拾玖坊就提出了要做“好玩、牛 X、有用”的产品、模式及文化。今天优秀的创业公司、新物种公司都趋向于娱乐、文化培训，以及科技。好玩特别重要。

比如，肆拾玖坊的白酒带动了拉酒线的玩法，拉酒线是为了醒酒，但也能够赏酒和鉴酒。大家可能会问，白酒需要醒酒吗？我们原来没有这个认知。法国人告诉我们葡萄酒是要醒酒的，因为越好的葡萄酒含的单宁越多，而单宁是涩的，越好的葡萄酒放的时间越长，在无氧环境之下香气出不来，所以饮用前要让它和氧分子接触，同时让加工过程中的二氧化硫挥发掉，单宁接触空气氧化之后涩度也会降低，香气挥发出来也会满足我们的嗅觉。因为葡萄酒的酒精度数在 12 ～ 14 度，不太怕酒精跑掉，所以可以用醒酒器醒酒。

但很有意思的是，历史上有一次著名的醒酒实验。在 1911 年巴拿马万国博览会上，茅台酒厂的前身去参加展会，因为包装不亮眼，中国土酒没有人关注，参赛者愤而将一坛茅台酒摔碎，结果酒香四溢，观众纷至沓来，引起评委的注意，最后获得了金奖。为什么酒坛摔碎到地上就引人注意了？因为酒香四溢。为什么会酒香四溢？因为醒酒了。好的粮食白酒，成香物质非常复杂、丰富，而且存放时间很长，是需要醒酒的。

在张传宗创业之前，先从茅台镇上找了一款酒。2015年的1月15日，他拉了一个100人的微信群，跟大家说，他找了一款酒，过年大家可以试一试，结果3天卖出4000瓶，1个月卖了1万瓶。这些酒通过快递寄出，因为酒厂以往都是通过卡车大批量发货，没有给个人发货的经验，有20%的酒碎在了路上。酱香酒有一个说法叫“七天空杯留香”，香气可以很长时间不散，所以收到碎瓶的朋友普遍反映酒不错，真香，可惜碎了一些，这其实也是醒酒了。

所以创业后，张传宗就进一步研究怎么醒酒，最后找到一个优雅的醒酒方式，就是拉酒线，悠悠一条长线倒入酒壶或酒杯，可以赏酒花，看“珍珠项链、美人泪”，非常漂亮。而且酒线拉得越细越长，说明酒越黏稠、年份越长，这个动作既能醒酒，又能鉴别是不是好的粮食酒以及酒的年份。

在2019年四周年庆典上，肆拾玖坊还创造了2019人一起拉酒线的“上海大世界基尼斯纪录”；2020年4月9号，肆拾玖坊又创造了云喝酒、云拉酒线第二项“上海大世界基尼斯纪录”，这个概念越玩越火。这样的形式特别适合发朋友圈，所以各位企业主要好好思索，你的企业和行业能不能找到这样的爽点，让大家玩起来，而且还有用。

很多人不知道粮食酒和勾兑酒的区别，以为喝酒难受是因为自己的酒量不好、身体不好，或者是人老了、喝不动了，实际上可能是酒的问题。肆拾玖坊用一个简单的化学实验就能区别粮食酒和勾兑酒，一下颠覆了很多人的认知，造成了爆点。“千斤坛”酒是茅台镇比较常见的产品，有的企业可以卖到100万元，但在肆拾玖坊20万元就可以买到，价格也引爆了市场，所以肆拾玖坊可能是目前茅台镇上卖千斤坛最多的企业。痛点、爽点、爆点，被张传宗称为“三点式性感营销”，也是选品的重要原则。

在这样的选品原则下，肆拾玖坊有了来自茅台镇的酱香纯粮古法美酒，还发掘了来自中国各大名山的大师茶叶。

比如，肆拾玖坊在云南找到了普洱茶发酵第一人杨行吉老师。普洱茶讲究存放，但是杨行吉老先生做的普洱茶当年就好喝，而且具备净、糯、活、甜、滑5个特点，放3年比普通的普洱茶放5年还好，他的发酵技术非常棒。

之后肆拾玖坊又找到了茶树育种第一人张芳赐老师。他将原本只剩20棵树的濒危茶树种“十里香”贡茶保护并恢复，在云南石林景区隔壁种了200亩，拿过多个世界顶级大奖。肆拾玖坊将这200亩茶园谈成了肆拾玖坊十里香茶园，由此推出一款顶级红茶——传奇十里香。此外，肆拾玖坊还在云南边陲有一个生态茶园，出品一款金针滇红，由专注做红茶30多年的毛光琼大师制作，并取了一个特别美好的名字——嫣誉，王语嫣和段誉的合称。肆拾玖坊还在杭州找到了明前龙井，由中国茶叶研究所——国内顶级的茶叶研究机构出品，这款茶被命名为“小龙女”；又去了武夷山，找到做过武夷山茶厂21年一把手、大红袍国家标准制定者王顺明老师，专门推出大红袍、水仙、肉桂，三个产品联起来叫楚留香——翘楚大红袍、长留水仙、香高不过肉桂，组成武夷岩茶系列；还有一位国家非遗传承人做的白茶，叫西门吹雪，来自福建的福鼎和政和两大产区。

肆拾玖坊还联合了一个黑科技公司，用人工智能泡茶。其实很多人是不会泡茶的，不管什么茶都放到一个水杯里，倒上水“尽情泡”。据茶行业专家说，绝大部分茶的浸泡时间都不需要超过1分钟，也许10秒20秒就够了。但是专业人士不能贴身跟随所有人，所以肆拾玖坊找到了一款便携智能杯——泡茶大师，可以随时随地满足用户需求。肆拾玖坊成立了肆玖茶天下公司，“敬世界一杯中国好茶”，把口感、环境、产品都做到了标准化、可复制。

在餐桌副食方面，肆拾玖坊找到一对特别有匠心情怀的、专门研究有机农场的年轻博士夫妻——程存旺和石嫣，投资了他们的好农场，有了放心的肉、蛋、菜。

肆拾玖坊也对啤酒行业进行了深度研究，发现德国人定义的啤酒就是麦芽、酒花和水三种原材料构成的，但国产啤酒很多是用玉米糖浆、啤酒浸膏和各种香精、香料加水制成的。为了颠覆这个行业，肆拾玖坊的精酿啤酒推出了嘿哈精酿和嘿哈小馆，借鉴了日本居酒屋的模式。

每一个行业，肆拾玖坊都试图直击痛点、爆点、爽点，这是他们在生态布局上的基本思考。因为创业之初就有感于时代巨变，所以张传宗希望为这一代人解决一些实实在在的问题。张传宗的第一个想法是解决食品安全问题，让大家远离化学勾兑酒，远离农药农残，真正落地对美好生活的向往，真正过上小康生活。第二个想法是在巨变的时代，联合朋友们在事业上一起成长为新军、新人类，一起玩转互联网，跟上新时代，落地新零售，成就新物种。第三个想法是希望大家一起携手，用武侠玩法点燃激情，用侠、义、信重构信任，用互联方式打造理想家园，用内修内求的方式找到源自内心的幸福和快乐，让一起创业的伙伴都充满信心，充满精气神。

肆拾玖坊创始之初就秉承“一切为了人，为了人的一切”，为了落地美好生活，为了落地在巨变时代的创业，为了落地大家的幸福、快乐的理念。肆拾玖坊的整个文化被张传宗概括为：侠义精神照千古，用逍遥快乐的侠、责任担当的义、众信然诺的信去实现千古文人侠客梦；品质生活创未来，打造有品质、有品位的新生活方式，过上新中产、优生活；开放连接新合伙，要告别一个中国人是一条龙，三个中国人是三条虫的时代，改变别人之前先改变自己，成就自己之前先成就别人，打造一个可以合伙、合作、人人如龙的大时代。

张传宗相信，未来的中国将会成为全球第一强国，其他国家的人说汉语、穿汉服、吃中餐、用中药都是理所当然的事情。但在这个过程中，需要中国的企业家征战全球，中国的文化流行全球，而最重要的是中国人要活得自信满满，内心能感到快乐、幸福，自己能够过上好生活，事业能够蒸蒸日上，尤其是能够与他人携手共进、相互成就，这就是肆拾玖坊倡导的“开放连接新合伙”。

要想实现这一切，文化上有一个根叫“人到中年向内求”。张传宗倡导“我是一切问题的根源”，遇事反求诸己、向内求，用爱、慈悲、智慧、包容、勇气、接纳去磨砺内心，让它更加柔软、坚韧，始终用爱和良善去经营心田，让它成为良田沃土，如此，人生也必将枝繁叶茂。在张传宗的描述中，理想状态是拥有“风来让风吹，雨来让雨下，我是青山岗，明月照大江”的开阔胸襟，未来过上充满希望和信心的丰盛人生，这是肆拾玖坊的文化之一。

新时代的组织在组织文化上特别强调“形散而神不散”。如何做到神不散？涉及方方面面。传统的公司也都讲愿景、使命、价值观，这些非常重要，但更重要的是能否深入人心。

肆拾玖坊的愿景是“做有情怀的商业传奇”——情怀指的是向下有底线，不作恶；向上有理想，仰望星空，为理想而奋斗；中间解决社会问题，承担社会责任。商业传奇就是做一个百亿起步、千亿理想、万亿梦想的商业平台，并且为这个时代创造堪称伟大的产品模式和文化。肆拾玖坊的使命是“共创变革时代新物种，共享亿万家庭优生活”；价值观则直指人心——“唯信任不可辜负，唯用心方可成功”，这里的信任讲的是自信、信他和他信。

自信是相信自己可以成长为新军、新人类，也相信世间的美好。他信是赢得他人的信任，一方面，需要提高自我要求，做一个靠谱的人，值得别人信任；另一方面，要及时迁善，成为更好的自己。信他是“相信相信的力量”，敢于付出信任。这是一个信任体系，信任本身也有沉甸甸的力量和巨大的能量，有温度而且有效率。

之后是“唯用心方可成功”，今天是一个变化剧烈、竞争激烈的时代，成就任何事情都离不开用心。如今的市场竞争激烈，不仅有大批20多岁的年轻人带着“互联网原住民”的清新之风杀入市场，还有很多老将依然在战场征战，而且率领千军万马，比如年过七旬的任正非和柳传志。对于中国人来说，地不分东南西北，人不分男女老幼，全民投入战斗。这个过程造就了今天中国超级火热的竞争局面，所以唯信任不可辜负，唯用心方可成功。

肆拾玖坊用5年打造了一棵“肆拾玖坊树”，值得各位企业界朋友借鉴。要想成长为一棵参天大树离不开文化扎根，精神结盟，而且根扎得越深，树就越枝繁叶茂。

肆拾玖坊的“树根”是什么呢？是用武侠玩法点燃激情，到侠、义、信重构信任，还有“人人都是店小二”的服务文化，“都是靠谱大管家”的主人文化，以及遇事反求诸己、向内求的修行文化等。肆拾玖坊的“树干”是商业模式——起于众筹，成于众创，兴于联盟，达于裂变；是发展方式——起于社群，成于社交，兴于生态，达于新零售，以及组织结构上布局的千店万车、万店万群、十万侠、千万会员。“树枝”层面则是产品——好酒、好茶、好食、好物，未来还有好教育、好医疗、好金融、好养老等。最后是“树叶”，即用户的感知，“肆拾玖坊，令人向往”“肆拾玖坊，势不可挡”“肆拾玖坊，匠香传奇”等用户喊出来的口号，都代表他们的感知。

所有企业都该有一棵自己的树，文化之根扎得怎么样，模式的树干立得怎么样，产品摆位怎么样，品牌树叶怎么样，都要认真考察。有了这棵树的模型就可以去梳理，看哪个部分还有所欠缺，并及时查缺补漏。

肆拾玖坊人还创作了一篇《肆拾玖坊赋》，它生动地阐明了肆拾玖坊的缘起、模式、布局，讲述了我们这一代人面临的困惑和我们的理想情怀，在此分享给大家：

江湖一杯酒，天下皆朋友。

侠义新世界，互联醉生活。

乙未年春，群雄四起。

肆拾玖位精英共商跨界，

侠义聚侠心，众筹谋众力，

以分享经济为道，创商业模式之新，

打通网络与传统任督二脉。

自此，肆拾玖坊诞生于互联江湖。

一杆侠义大旗，唤起中年中产之情怀；

一瓶纯粮酱酒，倡导品质生活之生态。

侠之大者，为国为民。

肆拾玖坊应天时，遂人意，

几年之间，已构建百舵千堂万侠之气势——

南连百越，北通长白；

东至台湾，西达天山；

遍布华夏，坊式众筹、生态布局，

舵舵有力、坊坊精彩，誓成一代有情怀之商业传奇。

肆拾玖坊大侠，多为中年中产，

无衣食之虞，却难保孩童食安心之粟；

无钱财之忧，却难寻知己饮放心之酒；

有殷实产业，却无处再燃创业之热忱。

肆拾玖坊之原则，

非质优价实之产品不选，非诚信靠谱之兄弟不交；

唯信任不可辜负，唯用心方可成功。

两者相遇，如蛟龙入海；

天宽地阔，如星火燎原；

终成大势，共同成就新中产、优生活之理想家园。

人生事，莫过于以心相交。

最难得，有知己把酒长啸。

千山过尽皆寂寥，千杯未了风云笑。

醉江湖，肆拾玖。

鬓边华发，何妨壮志凌霄。

浮沉半世，今朝再续逍遥。

你的企业有自己的赋吗？你会背吗？肆拾玖坊人相约饮酒必背《肆拾玖坊赋》。有的人可能不擅长讲模式、文化、产品，但一背这个赋就都明白了，而且朋友们会说你有文化，说你的公司有品位、有底蕴。每个公司都可以有类似的文化产品，而且要去运用。

除了《肆拾玖坊赋》，肆拾玖坊的“侠客语录”也流传甚广，还有肆拾玖坊人敬酒时独特的手势也引来效仿：男士用右手满握酒杯——因为白酒的最佳饮用温度是37度，所以人体加温恰可到最佳口感——右手五指满握叫“五湖”，左手四指在外叫“四海”，大拇指竖起来，意为“尊你为大，我诚心敬你”，这个过程中行一句酒令，如同古人的吟诗作赋，今人的猜拳行令，能够疏散酒气，活跃气氛。这种仪式感、文化感很吸引人，也容易传播。

◆ 运营必须“玩起来”

产品运营：让产品自己说话

产品是一切的基础。前面讲了很多产品文化，下面说一说肆拾玖坊具体的产品。肆拾玖坊每年都会推出生肖酒，2020年的鼠年生肖酒颜值非常高，外盒有着代表12个年轮的12个棱，是中国传统文化的时尚表达。一旦收藏了这一瓶生肖酒，就会想集齐其他年份的酒，该系列非常受欢迎。

肆拾玖坊在做产品之初就提出“情怀破商业，场景破渠道，触点破零售”。先来看场景，比如，过年送一瓶生肖酒，很应景；过生日喝一瓶生肖酒，很贴切；收藏一系列生肖酒，很有意思。此外，肆拾玖坊为军人聚会推出了“军哥”酒，为父亲节推出了“父爱如山”酒，为结婚庆典推出了“龙凤呈祥”酒；而且正策划去颠覆婚庆行业，不仅做酒，还要从整个婚礼入手，打造一套完整的、有深刻文化底蕴的婚礼流程，并自然而然地融入产品。每年肆拾玖坊都会为上万个单位做礼品定制，现在是个性化的年代，定制非常受欢迎。

肆拾玖坊是一个轻资产、高效率的公司，创业第 5 年营业额已经做到了 10 亿元，总部只有 90 多名工作人员，人均产值非常高。在这 90 多个人之中，大约有 15 个人是设计师，负责设计产品、文化及门店；有两位作家级的人物，《肆拾玖坊赋》、“侠客列传”系列就出自他们之手。注重内容创作是新物种公司一个非常重要的特点。

另外，“会玩”很重要，“玩起来”才能让产品深入场景。比如，肆拾玖坊提出通过酒占领酒桌、通过茶占领茶桌、通过米面粮油占领家庭的饭桌。在做产品的时候，一定要仔细思索产品的应用场景是什么，让产品自己说话，自带能量。

肆拾玖坊还提出“创新不如创旧”，引入了武侠玩法。比如，酒标引入了晋商的银票——银票是支付凭证，代表着信用、信任，可作为交换凭证，可以流通，这与肆拾玖坊的文化不谋而合，而且银票古朴大方有底蕴。新品牌想让自己看起来有底蕴，这是一种比较讨巧的方法。

肆拾玖坊还经常做产品盲测、盲品，让大家真正了解它们的价值，并提出了一个理念“把价值说清楚之前绝对不谈价格”。比如，一瓶酒 100 元是贵还是便宜？如果消费者觉得它只值 50 元，那 100 元就贵了；但如果消费者认为它值 1000 元，那 100 元当然就太便宜了。

用户运营：保持交互性和活跃度

肆拾玖坊非常重视用户运营。肆拾玖坊的活动特别多，他们自己会创造节日，并赋予它内涵。比如，每年 4 月 28 日是肆拾玖坊众筹纪念日，肆拾玖坊会发一系列文章，梳理众筹、众创、联盟、裂变，对商业模式进行总结，也通过自己的众筹、众创为众筹行业正名。现在很多人一听众筹就有“骗子”的感觉，确实大多数案例都失败了。肆拾玖坊的实践证明，并不是众筹模式有问题，而是很多人没有掌握众创的内功密码。

每年7月4日是肆拾玖坊创始股东大会纪念日，肆拾玖坊把这一天定为公司正式的周年庆典，每年都会隆重举办庆典。肆拾玖坊一周年时股东们在西安相聚，叫“英雄聚首、华山论剑”。大家互相走访，拱手施礼，最后在西安相聚。

肆拾玖坊两周年时去了内蒙古乌海市，在沙漠有机酒庄举办了2000人大会，2000人在沙漠里自己搭帐篷，“天为我屋、地为我床、五岳山川为我桥梁”，令人难忘。很多股东说：“上下游的厂商请我住五星级酒店、报销路费，我都没去，但我们自己过生日一定要来。”

肆拾玖坊第三个周年庆地点定在了遵义，因为公司的1.0时代“潜龙在渊”结束，2.0时代“见龙在田”开启，遵义是一个转折之城，非常应景。

肆拾玖坊四周年庆典地点选在了广州长隆，2019年7月13日—7月14日召开，13、14象征一生一世。2019位大侠共同创造了一项拉酒线的“上海大世界基尼斯纪录”，成为基尼斯纪录的创造者和参与者，著名舞蹈家杨丽萍女士在此次庆典上出任了肆拾玖坊首席艺术官。

有朋友问张传宗，周年庆典为什么不在总部办？他这样回答："我们是一个扁平化的、遍布全国的组织，是去中心化的，所以周年庆典可以'轮值'，哪里业绩好、哪里有需要，我们就去哪里打造自己的舞台，庆祝自己的节日。"

还有之前提到的特别有号召力的"酱香之旅"，每个周末都有五六百人去茅台镇体验游。一到周末，全国各地的大侠云集茅台镇，行酒令、喊口号，响彻云霄、激动人心，特别富有感染力，也很容易形成口碑效应，所以来的人络绎不绝。2019 年的 9 月 10 月两个月，肆拾玖坊共计去了 4500 人，成为茅台镇的一景。

2020 年疫情期间，很多活动从线下挪到了线上，虽然不能面对面，但肆拾玖坊依然保持了活动的交互性和活跃度。此外，肆拾玖坊进行了 108 个分销商的复盘；2000 多个经销商，也就是 2000 多个小微企业的复盘，连续做了 10 期，每期 18 天，交叉进行；同时还有合伙人、总经理以及 600 个优秀店主的在线深度赋能。参与的人都非常兴奋，也非常勤奋，说这是"三更灯火五更鸡，正是大侠读书时"，比、学、赶、帮、超，一起学习，一起分享。

活动本身是一方面，后续的推广也是非常重要的一方面，尤其在人人都是自媒体的年代，企业要非常注意活动的体验感和可传播性。

在今天，“会玩”也是一种竞争力。哪怕是内部员工的生日会，肆拾玖坊也希望做出不一样的调性。一般企业里的生日会怎么做？每个月过生日的员工集中在一天庆祝，一年庆祝 12 次。这没什么不对，但缺少了话题感。肆拾玖坊的人力资源部门稍加改变，让同一个星座的人一起过生日，并会根据星座性格特点做一个小视频，给每个人配上照片，再稍加点评，立刻就能引起大家的评论和转发，一个内部活动就这样具备了外部传播性，而且一点也不生硬。一年做 12 次，所有人都“被参与”一次，并不是多难的创意，但是可以激发大家的积极性。

张传宗在创业之初就重视讲自己的故事。每个人都有自己独特的经历、情怀、理念，每个人都是天地间独一无二的存在，肆拾玖坊希望为每一个人写下传记，记录他与众不同的人生。这就有了肆拾玖坊的“侠客列传”，这些文章发表在公众号上，传主和他的朋友都很乐意转发，无形中也是肆拾玖坊文化的一次普及。当这些故事结集成册时，就具备了更广阔的外部传播性，而且生动、代入感很强。

2019 年，肆拾玖坊在创造 2019 人一起拉酒线的“上海大世界基尼斯纪录”后，又趁热打铁于 10 月在抖音上做了“拉酒线，品江湖”抖音挑战赛，一周之内就有 7.3 亿人次参加，把“拉酒线”这个 IP 与肆拾玖坊做了更强的绑定，同时借助抖音这个最火的社交平台做了更大范围的传播。肆拾玖坊在全国有上万个社群，每个社群每天都在创造着自己的品牌故事。

◆ 优秀团队都是“炼成的”

张传宗的“独孤九剑”

在多年的销售管理生涯中，张传宗总结出运营体系的“独孤九剑”，即如何打造一个优秀的团队乃至一个优秀的公司，他总结为三个关键要素，九个子要素。

三个关键要素是业绩、团队和模式。奋斗是为了追求好的结果，我们称之为业绩。但追求的过程不是直接冲着业绩去的，必须先做好两件事——团队和模式，而且团队是基础。

优秀的团队往往是下面三个要素的集合：

第一个，优秀的团队像学校，同事之间像同学。大家比学赶帮超，不懂的可以去学、可以去问。学习型团队会越战越勇，会积极向上。

第二个，优秀的团队也像军队，同事之间像战友。军队最大的特质是执行——Yes sir！世界500强公司的CEO最多的不是来自哈佛商学院，而是来自西点军校，军队带来的有效执行特别重要，我们要像军人一样认真、严格、主动、高效执行，大家要像战友那样互相信任。

第三个，优秀的团队还应该像家庭，同事之间像亲人。今天很多组织把员工称为“家人”“兄弟姐妹”，但不是有了这些称呼就是家人。肆拾玖坊总结了四个词——平等、信任、欣赏、亲情，家庭成员之间是平等的，尤其在人格上是平等的，可以有分工的不同，但应相互信任、彼此欣赏，真的是兄弟姐妹一家人。

如果团队成员之间像同学、像战友、像家人，那么必然有着积极向上的氛围，以及有效执行和亲情般的愉悦，这就是优秀团队。

在这个基础上还离不开好的模式。好的模式有三个特点：一是有方法论，就是理论上有认知；二是有最佳实践，就是要有榜样、案例，要看到结果；三是有制度体制或操作手册，能够闭环落地。

有了团队和模式，必然可以创造优秀的业绩，业绩也有三个衡量要素：总量、结构和节奏。第一个，总量大，排名在行业前列，这肯定是好的业绩；第二个，结构优化，比如市场份额、完成率、增长率等都在一个良性范围内；第三个，节奏是否均匀，是否能持续增长。未来的产品结构以及节奏应该是舒服的、匀称的，而且持续向上。

上述三个大要素下的九个子要素，被张传宗称为运营体系的"独孤九剑"，也是他多年实战经验的总结。

锤炼团队的"倚天剑"和"屠龙刀"

张传宗有一个形象的说法，给体系内的大侠配上"倚天剑"和"屠龙刀"。这两件武器都是闻名武侠世界的神兵利器。

"倚天剑"是什么呢？张传宗把它定义为内修内求。人生是一场无尽的修行，当我们真正学会向内求，把所有遇到的挑战、困难都当作修行之路上的垫脚石，也就看淡了所有。人生一世，最美的风景其实在路上，所以要珍惜人生的每一刻，珍惜身边的每一个人，充满正能量的活好每一天。用爱、慈悲、智慧、包容、勇气、接纳去磨砺我们的内心，这 6 个词是张传宗磕了 7000 个等身长头、念了 3 万遍经总结出来的。每个人生来本资具足——我们生来自带的能量、资源是足够的，但很多时候忽视了自己内在的宝箱而向外求，这无异于缘木求鱼。经营好内在的良田沃土，拥有一颗柔软、坚韧又强大的内心，就足以踏平坎坷成大道。这是用好天性经营好内在的“倚天剑”。

那么“屠龙刀”又是什么呢？学习、分享、赋能。第一，要学习。很多老板人到中年就不再学习了，而且认为不需要学习，或者是需要学习但不会学习，没有学习自信，也没有学习方法，不知道该学什么、该向谁学，存在一系列关于学习的问题。在这个飞速发展的时代里，不学习一定会被抛弃、被淘汰，不进则退。要成长为新军、新人类，要打造新物种、落地新零售，要打造新式的企业文化、品牌、产品、营销、运营、管理，都必须不断学习。学什么？就是这些新物种、新军、新人类的成长之道。如果不知道去哪里学，肆拾玖坊非常欢迎你，这里就是一个最接地气的免费商学院。第二，要学会分享。我们经常讲学习力是竞争力，新时代的分享力是业务力。分享的过程就是品牌推广的过程、价值创造的过程，要学会随时随地分享。第三便是常说的赋能。赋能就是针对性的分享、解决问题式的分享、顾问式的分享。能够将学习、分享、赋能运用得自如流畅，就相当于手握“屠龙刀”。

没有什么事是不能通过学习解决的。除了个人的学习、分享、赋能之外，还要打造学习、分享、赋能型的团队，这样的团队必然有战斗力、凝聚力和向上的精神。

张传宗通过观察，认为周围的人大致可以分为三类：第一类人像太阳，会发光、发热，永远能量满满，充满着爱和温暖，他的存在会使得周围的人如沐春风；第二类人像月亮，可以传递别人的爱与能量，但自身不会创造能量；第三类人像黑洞，能够吞噬一切光和热，整天都在纠结、抱怨，令人不寒而栗。

很多熟悉张传宗的朋友都会问，为什么他总是激情满满，好像永远不知道疲倦。他也经常问自己这个问题，并认为就是小学二年级成为全镇第一名的历史性一刻，让他找到了学习的兴趣，又找到了分享的价值，在与人交流的过程中，别人不是来攻击，而是来请教，这是多么令人开心的一件事。自己在学习的过程中能够学到有用的东西，还能够赢得人们的认可，多么美好，所以，他的内心不再有纠结和抱怨，开始充满正能量。

张传宗觉得每个人都应该活得像太阳，燃烧自己，点亮别人。尤其是每个老板一定要做太阳，燃烧自己，点亮你的团队，让大家为一个共同的理想而奋斗，为一个共同的价值主张而战斗。当然，也可以接纳一部分月亮型的人，让团队增加稳定性，但一定要远离黑洞型的人。

销售运营的独门秘技

在和操盘手的实际交流中张传宗发现，很多公司不会打造销售运营体系，他为此又总结了销售运营的三个关键点：布局、运营、营销。

布局就是排兵布阵，从无到有再到优。他认为，第一，要“团结一切可以团结的资源”来做布局；第二，要有意识地排兵布阵式布局；第三，要通过具体到细节的运营浇灌，让项目成长起来。当项目壮大后，才谈得上拓展布局，而很多公司也受困于此。比如，很多酱酒公司只守着贵州一省，根本走不出去；很多产品多少年只是一个地方特产，走不出本省，甚至走不出本市。这都说明他们的拓展布局有问题。

在运营中，有必要详细解读的是团队的运营，因为事是人做的，团队打造好了，销售业绩不愁上不去。这中间，团队人员的选、用、育、留都非常重要，是基础性工作。有了好的班底，要通过领导、决策、开会、看报表，让整个团队都“动”起来，无意义的空转是解决不了效率问题的。

在团队运营上，联想创始人柳传志先生有一个经典的论述：建班子、定战略、带队伍。这对创业公司是普遍适用的。

首先是建班子。我们看到很多小公司经常只有一个老板，或者夫妻二人都是老板，没有班子，老板自身成为业务的瓶颈。这必须通过建班子破除，同时老板要敢于授权、敢于信任，要尊重班子，不能唱独角戏，如今单打独斗是行不通的。

其次是定战略。可以有终极战略方向，也可以有年度战略目标，不仅要有经营指标，更重要的是要有竞争力指标。比如搞多少培训、拓展多少门店、搞多少活动，这叫定战略或者定目标。在战略目标里要打开想象力，同时短期目标既要有保守目标，也要有挑战性目标，挑战性目标可以提醒大家把握机会，保守目标让团队觉得可以达成，有信心去做。

第三步是带队伍。也就是团队运营，又分为赋能式运营和持续改善式运营。赋能式运营之前说过了，就是新式公司一定要是个培训公司；持续改善式运营就是每天都要优化一点点，逐渐就能释放能量、节约成本、把握机会、创造业绩。

关于营销，当下顾问式营销是比较有效的，张传宗的体会是团结一切可以团结的力量，大家一起玩起来、学起来、干起来。在今天，要大大提升用户的参与感，让用户成为你的业务员、代言人，让用户说你好。

这里面的关键点就是运营粉丝。你有粉丝吗？你的公司有粉丝吗？你的产品有粉丝吗？如何吸引粉丝呢？一般而言，首先要有鲜明的价值主张和个性，才容易被识别；其次要有情怀，有人格魅力；第三要有直指人心的东西，能跟用户进行心灵的沟通，让用户发自内心地认可你。做到这三点，才会有铁杆粉丝。

另外，还有一个传承自联想创始人柳传志先生的工具——复盘，这是打造学习型组织的重要工具。每过一个季度或半年，都要回顾过去的工作，并做未来的规划，一般从两个方面入手，一是业务，二是个人。

业务方面，总结过去一个季度或半年来取得了哪些成绩，目标有没有达成——好的方面要深挖，为什么达成？有没有规律？找到规律相当于挖到了宝，有可能让美好的事情重复发生，这就叫最佳实践。做得不好的方面也要深挖，避免下一次再掉到类似的坑里，少犯错误也是价值。

当然，这里面也有内功密码：第一，不要把复盘当作问责去扣帽子，否则大家就会不坦然，就会去找理由；第二，取得成绩要多找客观原因，有了过失要多找主观原因，并能够直面问题；第三，不要轻易下结论，不要轻易定论某事就是规律，要论证清楚再确认。

在此基础上，再看未来一个季度或半年有什么样的机会、什么样的问题、什么样的资源需求，给自己定一个目标，上级视情况做校正，这样自己会更有动力。

这是业务复盘，要总结出 Keep doing——做对了需要继续做的，Start doing——该做的现在要开始做的，Stop doing——不该做的马上停止做的。

除了业务复盘之外，还可以做个人成长复盘，将打造学习型团队落到这些计划、总结里面。比如，在过去一个季度里你学到了什么、读了哪本书、参加了什么培训、得到哪位高人的指点、受到什么事情的启发……这在肆拾玖坊被称为“人人皆吾师，事事是案例，处处是道场”。如果有开悟、心得就要去总结，以便把它固化沉淀。如果将其分享给团队，其他人也能同步获得你的认知。同时，再总结过去的一个季度或半年自己有什么能力上的短板。比如，你不会演讲、不会玩社群、不会搞视频，那么接下来的计划就要解决短板。

成人的学习最重要的是“我要学”，逼着学是学不来的。如果某人总结出自己不会演讲，接下来的行动计划很可能是要去报一个演讲班，或者试着去演讲，这样容易形成一个良性循环。如果某些人过去一个季度没有学到东西，看到其他同事有了明显进步，是不是容易觉得羞愧，然后有所转变，也开始发奋学习？这就是学习氛围的营造。做企业根本上要靠人，一定要重视人的成长。很多老板从来不搞内训，这完全是涸泽而渔。

总而言之，做老板必须学会团队的选、用、育、留，必须学习、分享、赋能，必须带领团队内修内求，找到“倚天剑”“屠龙刀”，这样才能纵横天下、笑傲江湖。

后记

Postscript

构建联盟，打造创业统一战线

创业讲究天时、地利、人和，天时是给大家普惠机会，地利是给你一个先天优势，而人和是看彼此的缘分。

很多以前想都不敢想的事情如今都成了现实，比如，直播带货成为主流，跨行、跨界的产品销售模糊了主业，竞争对手之间开始合作共赢，大家开始放下面子躬身赚现金流……当下的商业走到了打持久战的阶段。可以说，悲观一点会让你活得久一些，过度乐观基本就没有回头路了。

2020 年 4 月 23 日是初心会创立五周年纪念日，如果没有疫情，按照规划，我们应该在千人峰会中庆贺。但因为疫情，五周年庆的日子一改再改，以至于到底哪天举办到现在都不敢确认，这恐怕也是一次最深刻的纪念吧！

2020年对很多人来说都是一场没有准备的挑战，而对于初心会来说可能是百年难遇的机遇。当下的环境在倒逼所有的创业者革自己的命，并彻底颠覆过去的底层逻辑。而这正是初心会众创模式的核心。也许2019年上过众创系统课程的伙伴，直到2020年疫情倒逼，才深刻理解众创的概念。

当下的环境不给你任何反复的空间，逼着你团结一切可以团结的人建立联盟，逼着你构建统一战线，逼着你学会尊重现实、顺应趋势。

2020年是基于战疫构建统一战线的最佳时刻，大家唯有互助借力才能更好地生存与发展。目前大型集团和小微公司还能勉强撑住，要么硬挺，要么贷款，当然小微公司直接倒闭也是一种选择。而最艰难的是中型企业，尤其是外贸、制造、旅游等行业的中型企业，断崖式的业绩下跌对他们而言无异于灭顶之灾。他们都将拼尽最后一口气以求涅槃重生，所以，这一波发展绝对是剩者为王，就看谁能剩到最后。

2020年五一劳动节之前，整个初心会都忙着助力产业级的统一战线落地。初心会的众创模式应该能够在这个特殊的时期，为更多的伙伴构建一个共享的桥梁，帮助大家